中学物理教师
专业知识与教学能力指导

主　编　◎ 李　会
副主编　◎ 曹义明

四川大学出版社

图书在版编目（CIP）数据

中学物理教师专业知识与教学能力指导 / 李会主编. — 成都：四川大学出版社，2024.4
ISBN 978-7-5690-6741-5

Ⅰ. ①中… Ⅱ. ①李… Ⅲ. ①中学物理课－师资培训－研究 Ⅳ. ① G633.72

中国国家版本馆 CIP 数据核字（2024）第 072981 号

书　　名：中学物理教师专业知识与教学能力指导
　　　　　Zhongxue Wuli Jiaoshi Zhuanye Zhishi yu Jiaoxue Nengli Zhidao
主　　编：李　会

选题策划：梁　平　敬铃凌
责任编辑：梁　平
责任校对：李　梅
装帧设计：裴菊红
责任印制：王　炜

出版发行：四川大学出版社有限责任公司
　　　　　地址：成都市一环路南一段 24 号（610065）
　　　　　电话：（028）85408311（发行部）、85400276（总编室）
　　　　　电子邮箱：scupress@vip.163.com
　　　　　网址：https://press.scu.edu.cn
印前制作：四川胜翔数码印务设计有限公司
印刷装订：成都金龙印务有限责任公司

成品尺寸：185mm×260mm
印　　张：11
字　　数：263 千字

版　　次：2024 年 4 月 第 1 版
印　　次：2024 年 4 月 第 1 次印刷
定　　价：39.00 元

本社图书如有印装质量问题，请联系发行部调换

版权所有 ◆ 侵权必究

编委会

主　编：李　会

副主编：曹义明

编　委：崔庆红　时有明　魏生贤

　　　　李　哲　徐　坤

前　言

《国家中长期教育改革和发展规划纲要（2010—2020年）》提出"严格教师资质，提升教师素质，努力造就一支师德高尚、业务精湛、结构合理、充满活力的高素质专业化教师队伍"的要求，而教师资格证正是严格教师资质的第一保障。教师资格是对从事教育教学工作人员的基本要求，是公民获得教师职位、从事教学工作的必要条件。目前对各高校师范生的培养坚持"学生中心、产出导向、持续改进"的基本理念，并对师范生开展知识和技能等方面的有效评价，而教师资格证考试正是评价的有力手段之一。

因此，在全国教师资格统一考试的背景下，编写《中学物理教师专业知识与教学能力指导》一书，有助于夯实物理学专业师范生的物理专业知识基础和提升教学知识能力。本书物理专业知识基础部分包含力学、电磁学、光学与原子物理、热学版块，知识体系贯穿中学物理和大学物理。教学知识部分包含教学设计和教学评价两个版块，满足教师资格证考试的需求。

博观而约取，厚积而薄发。本书由李会副教授主持编写，参加书稿编写的还有崔庆红副教授、曹义明副教授、时有明教授、魏生贤教授、李哲教授、徐坤教授，此书的出版是编写组共同的智慧结晶与教学经验的分享。书中内容广、跨度大，全面覆盖教师资格证考纲要求，力求内容提纲挈领、观点明确、简洁实用。

此书的出版，得益于曲靖师范学院物理与电子工程学院领导和同事的鼎力支持，以及本书编写过程中给予过帮助的教师，在此仅向他们表示最诚挚的敬意和感谢。

由于时间和水平有限，书中定有不妥之处，恳请广大教师和读者批评指正。

编　者

目 录

第一章 力学 … (1)
- 第一节 受力分析 … (1)
- 第二节 牛顿运动定律 … (7)
- 第三节 运动的描述 … (9)
- 第四节 匀变速直线运动 … (14)
- 第五节 曲线运动 … (18)
- 第六节 相对运动 … (22)
- 第七节 功与能 … (24)
- 第八节 动量 动量守恒 … (27)
- 第九节 振动与波动 … (29)
- 第十节 声现象 … (33)
- 第十一节 压强 … (35)
- 第十二节 质量与物质的密度 … (37)
- 第十三节 杠杆 滑轮 … (39)

第二章 电磁学 … (51)
- 第一节 真空中的静电场 … (51)
- 第二节 有导体时的静电场 … (57)
- 第三节 恒定电流的磁场 … (60)
- 第四节 电磁感应 … (66)

第三章 光学与原子物理 … (74)
- 第一节 几何光学 … (74)
- 第二节 波动光学 … (77)
- 第三节 原子物理 … (80)

第四章 热学 … (90)
- 第一节 气体动理论 … (90)
- 第二节 热力学基础 … (100)

第五章　教学设计 ·· (112)
　　第一节　物理教学知识 ··· (112)
　　第二节　中学物理教学设计 ·· (116)

第六章　教学评价 ·· (145)
　　第一节　学生学习行为反馈评价 ··· (145)
　　第二节　教师课堂教学评价 ·· (149)

参考文献 ·· (164)

后　记 ·· (165)

第一章 力学

第一节 受力分析

◎**考纲提要**

一、力的基本概念

二、常见力的受力分析和计算

三、力的矢量性、矢量运算法则

四、受力分析：整体法和隔离物体法

五、共点力作用下物体的平衡

◎**考点梳理**

一、力的基本概念

力是物体之间的相互作用，有力必有施力物体和受力物体。力的大小、方向、作用点叫力的三要素。用一条有向线段把力的三要素表示出来的方法叫力的图示。力的作用效果有：使物体发生形变或改变运动状态。

二、常见力的受力分析和计算

通常根据力的性质或效果进行命名，例如根据力的性质命名的力有重力、弹力、摩擦力、分子力、电磁力等，根据力的效果命名的力有拉力、压力、支持力、动力、阻力等。

（一）重力

由于地球的吸引而使物体受到的力。重力的大小 $G=mg$，方向竖直向下。作用点叫物体的重心，重心的位置与物体的质量分布和形状有关。质量均匀分布，形状规则的物体的重心在其几何中心处。薄板类物体的重心可用悬挂法确定。

注意：重力是万有引力的一个分力，另一个分力提供物体随地球自转所需的向心力，在两极处重力等于万有引力。由于重力远大于向心力，一般情况下近似认为重力等于万有引力。

（二）弹力

当物体发生形变时，由于要恢复原状，会对跟它接触的且使其发生形变的物体产生力的作用，这种力叫弹力。

1. 产生弹力的条件

物体与其他物体有接触，物体的形变不能超过弹性限度。

2. 弹力的方向

弹力的方向与形变方向相反。平面接触面间产生的弹力，其方向垂直于接触面；曲面接触面间产生的弹力，其方向垂直于过研究点的曲面的切面；点面接触处产生的弹力，其方向垂直于面；绳子产生的弹力的方向沿绳子所在的直线。

3. 弹力的大小

（1）弹簧的弹力大小由 $F=-kx$ 计算。

（2）一般情况下，弹力的大小与物体同时所受的其他力及物体的运动状态有关，应结合平衡条件或牛顿定律确定。

（三）摩擦力

1. 产生摩擦力的条件

接触面粗糙、有压力作用、有相对运动（或相对运动趋势），三者缺一不可。

2. 摩擦力的方向

跟接触面相切，与相对运动或相对运动趋势方向相反。但注意摩擦力的方向和物体运动方向可能相同，也可能相反，还可能成任意角度。

3. 摩擦力的大小

（1）滑动摩擦力的大小为 $f=\mu F_N$，其中，F_N 为接触面间的支持力；μ 为滑动摩擦系数，只与接触面材料和粗糙程度有关，与接触面积大小、接触面相对运动快慢以及支持力 F_N 无关。

（2）静摩擦力：由物体的平衡条件或牛顿第二定律求解，与支持力无关。大小范围 $0<F_静<F_m$（F_m 为最大静摩擦力，与支持力有关）。静摩擦力的具体数值可用以下方法来计算：一是根据平衡条件；二是根据牛顿第二定律求出合力，然后通过受力分析确定。

4. 注意事项

（1）摩擦力可以与运动方向相同，也可以与运动方向相反，还可以与运动方向成一定夹角。

(2) 摩擦力可以做正功,也可以做负功,还可以不做功。
(3) 摩擦力的方向与物体间相对运动的方向或相对运动趋势的方向相反。
(4) 静止的物体可以受滑动摩擦力的作用,运动的物体可以受静摩擦力的作用。

三、力的矢量性、力的合成与分解

由于力是一个既有大小又有方向的物理量,因此采用矢量对其描述。与只有大小的标量不同,矢量在求和时需用平行四边形定则或三角形定则。

1. 力的合成

当几个力都作用在物体的同一点上,或者它们的作用线相交于同一点,这几个力叫共点力。求几个已知力的合力叫作力的合成。当两个力 F_1 和 F_2 在同一条直线上时有:

(1) F_1、F_2 同向:合力大小 $F=F_1+F_2$,方向与 F_1、F_2 的方向一致。

(2) F_1、F_2 反向:合力大小 $F=|F_1-F_2|$,方向与 F_1、F_2 中较大的那个力的方向一致。

当 F_1、F_2 互成 θ 角时需用平行四边形定则,而多个力的合成与分解则使用正交分解法更方便。

2. 平行四边形定则

求两个互成角度的力的合力时,以表示这两个力的有向线段为邻边,作平行四边形,其对角线就表示合力的大小及方向,如图 1-1 所示。这是矢量合成的普遍法则。

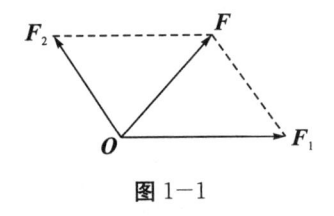

图 1-1

力 F_1、F_2 的合力的大小为:$F=\sqrt{F_1^2+F_2^2-2F_1F_2\cos\theta}$($\theta$ 为 F_1、F_2 的夹角)。

3. 正交分解

把力沿着两个互相垂直的方向分解叫力的正交分解。在多个共点力作用下,运用正交分解法的目的是用代数运算公式来解决矢量的运算。在力的正交分解法中,分解的目的是求合力,尤其适用于物体受多个力的情况。物体受到力 F_1、F_2、F_3……求合力 F 时,可把各力沿相互垂直的 x 轴、y 轴分解,则在 x 轴方向各力的分力分别为 F_{1x}、F_{2x}、F_{3x}……在 y 轴方向各力的分力分别为 F_{1y}、F_{2y}、F_{3y}……那么在 x 轴方向的合力 $F_x=F_{1x}+F_{2x}+F_{3x}+\cdots$,在 y 轴方向的合力 $F_y=F_{1y}+F_{2y}+F_{3y}+\cdots$。合力大小 $F=\sqrt{F_x^2+F_y^2}$,合力与 x 轴的夹角 θ 满足 $\tan\theta=\dfrac{F_y}{F_x}$。在运用正交分解法解题时,关键是如何选定直角坐标系,在静力学中,以少分解力和容易分解力为原则;在动力学中,以加速度方向和垂直于加速度的方向为坐标轴建立坐标,这样可以使牛顿第二定律表达式为:

$F_x=ma$，$F_y=0$。在运用正交分解法解题时，一般按如下步骤：

（1）以力的作用点为原点作直角坐标系，标出 x 轴和 y 轴。如果这时物体处于平衡状态，则两轴的方向可根据自己需要选择；如果力不平衡而产生加速度，则 x 轴（或 y 轴）和加速度的方向重合为宜。

（2）将与坐标轴成角度的力分解成 x 轴和 y 轴方向的两个分力，并在图上标明，用符号 F_x 和 F_y 表示。

（3）在图上标出与 x 轴或与 y 轴的夹角，然后列出 F_x、F_y 的数学表达式。如果 **F** 与 x 轴夹角为 θ，则 $F_x=F\cos\theta$，$F_y=F\sin\theta$。与两轴重合的力就不需要分解了。

（4）分别求出 x 轴方向和 y 轴方向各分力的合力后，列出两个方向的方程，然后再求解。

4. 注意事项

（1）合成与分解是为了研究问题的方便而引入的一种方法，用合力来代替几个力时必须把合力与各分力"脱钩"，即考虑合力则不能考虑分力；同理，在力的分解时只考虑分力，而不能同时考虑合力。力的合成和分解都遵从平行四边形法则。

（2）两个分力成直角时，用勾股定理或三角函数可以快速求出合力大小和方向。

（3）力的分解时要认准力作用在物体上产生的实际效果，按实际效果来分解。

（4）力的正交分解法是把作用在物体上的所有力分解到两个互相垂直的坐标轴上，分解最终往往是为了求合力（某一方向的合力或总的合力）。

四、受力分析

1. 受力分析步骤

根据力的概念，从物体所处的环境（与多少物体接触，处于什么场中）和运动状态着手，按如下步骤进行受力分析：

（1）确定研究对象，并隔离出来。

（2）先画重力，再画弹力、摩擦力，然后画电磁力等。

（3）检查受力图，找出所画力的施力物体，分析结果能否使物体处于题设的运动状态（静止或加速），否则必然是多力或漏力。

（4）合力或分力不能重复列为物体所受的力。

2. 整体法和隔离法

（1）整体法：就是把几个物体视为一个整体，受力分析时，只分析这一整体之外的物体对整体的作用力，不考虑整体内部之间的相互作用力。

（2）隔离法：就是把要分析的物体从相关的物体系中假想地隔离出来，只分析该物体以外的物体对该物体的作用力，不考虑物体对其他物体的作用力。

（3）方法选择：所涉及的物理问题是整体与外界作用时，应用整体法，可使问题简单明了，而不必考虑内力的作用；当涉及的物理问题是物体间的作用时，要应用隔离法，这时原整体中相互作用的内力就会变为各个独立物体的外力。

3. 注意事项

正确分析物体的受力情况，是解决力学问题的基础和关键，在具体操作时应注意：

（1）弹力和摩擦力都产生于相互接触的两个物体之间，因此要从接触点处判断弹力和摩擦力是否存在。如果存在，则根据弹力和摩擦力的方向，画好这两个力。

（2）画受力图时要逐一检查各个力，找不到施力物体的力一定是无中生有的。同时应只画物体的受力，不能把该物体对其他物体的施力也画进去。

五、共点力作用下物体的平衡

1. 平衡状态

物体的平衡即物体静止或做匀速直线运动，此时物体不转动，物体的加速度为零。

2. 平衡条件

合力为零，亦即 $\boldsymbol{F}_合=0$ 或 $\sum F_x=0$，$\sum F_y=0$。

（1）二力平衡：这两个共点力必然大小相等，方向相反，作用在同一条直线上。

（2）三力平衡：这三个共点力必然在同一平面内，且其中任何两个力的合力与第三个力大小相等，方向相反，作用在同一条直线上，即任何两个力的合力必与第三个力平衡。

（3）若物体在三个以上的共点力作用下处于平衡状态，通常可采用正交分解（按接触面分解或按运动方向分解），此时有：

$$F_{合x}=F_{1x}+F_{2x}+\cdots+F_{nx}=0$$

$$F_{合y}=F_{1y}+F_{2y}+\cdots+F_{ny}=0$$

3. 平衡条件的推论

（1）当物体处于平衡状态时，它所受的某一个力与所受的其他力的合力等值反向。

（2）当三个共点力作用在物体（质点）上处于平衡时，三个力的矢量按同一环绕方向组成一封闭的三角形。

4. 平衡物体的临界问题

当某种物理现象（或物理状态）变为另一种物理现象（或另一物理状态）时的转折状态叫临界状态，可理解成"恰好出现"或"恰好不出现"。

临界问题的分析方法可采用极限分析法，通过恰当地选取某个物理量推向极端（"极大""极小""极左""极右"），从而把比较隐蔽的临界现象（"各种可能性"）暴露出来，便于解答。

◎典型例题

【例题】 下列过程中，有一个力的作用效果与其他三个不同类，它是（　　）

A. 把橡皮泥捏成不同形状　　B. 进站的火车受阻力缓缓停下
C. 苹果受重力作用竖直下落　　D. 用力把铅球推出

【解析】选 A。力的作用效果分为形变和改变运动状态。A 属于使物体发生形变，B、C、D 属于改变物体的运动状态。

【例题】一根轻质弹簧一端固定，用大小为 F_1 的力压弹簧的另外一端，平衡时长度为 L_1；改用大小为 F_2 的力拉弹簧，平衡时长度为 L_2，弹簧的拉伸和压缩均在其弹性限度内，求该弹簧的劲度系数为（　　）

A. $\dfrac{F_2-F_1}{L_2-L_1}$　　B. $\dfrac{F_2+F_1}{L_2+L_1}$　　C. $\dfrac{F_2+F_1}{L_2-L_1}$　　D. $\dfrac{F_2-F_1}{L_2+L_1}$

【解析】选 C。本题考查胡克定律 $F=-kx$，负号表示位移 x 的方向和弹力方向相反，x 的大小代表弹簧伸长或压缩的长度。假设弹簧原长为 L，对压和拉两种情况列方程：$F_1=k(L-L_1)$ 和 $F_2=k(L_2-L)$，联立求解得 $k=\dfrac{F_2+F_1}{L_2-L_1}$。

【例题】如图 1-2 所示，拉力 F 作用在重为 G 的物体上，使它沿水平地面匀速前进，若物体与地面的动摩擦因素为 μ，当拉力最小时和地面的夹角 θ 为多大？

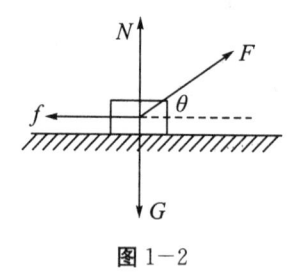

图 1-2

【解析】选取物体为研究对象，它受到重力 G、拉力 F、支持力 N 和滑动摩擦力 f 的作用，根据平衡条件有：

$$F\cos\theta-\mu N=0$$

$$F\sin\theta+N-G=0$$

解得

$$F=\dfrac{\mu G}{\cos\theta+\mu\sin\theta}$$

设 $\tan\varphi=\mu$，则 $\cos\varphi=\dfrac{1}{\sqrt{1+\mu^2}}$，代入上式可得

$$F=\dfrac{\mu G}{\cos\theta+\tan\varphi\sin\theta}=\dfrac{\mu G\cos\varphi}{\cos\theta\cos\varphi+\sin\theta\sin\varphi}=\dfrac{\mu G}{\sqrt{1+\mu^2}\cos(\theta-\varphi)}$$

当 $\theta=\varphi$ 时，$\cos(\theta-\varphi)=1$，此时 F 取最小值。

当拉力取最小值 $F_{\min}=\dfrac{\mu G}{\sqrt{1+\mu^2}}$ 时，拉力与地面的夹角 $\theta=\varphi=\arctan\mu$。

第二节 牛顿运动定律

◎**考纲提要**

一、牛顿第一定律的理解
二、牛顿第二定律的理解
三、牛顿第三定律的理解
四、运用牛顿运动定律解题的步骤

◎**考点梳理**

一、牛顿第一定律的理解

(1) 揭示了物体不受外力作用时的运动规律。

(2) 牛顿第一定律是惯性定律，它指出一切物体都有惯性，惯性只与质量有关。

(3) 肯定了力和运动的关系：力是改变物体运动状态的原因，不是维持物体运动的原因。

(4) 牛顿第一定律是用理想化的实验总结出来的一条独立的规律，并非牛顿第二定律的特例。

(5) 当物体所受合力为零时，从运动效果上说，相当于物体不受力，此时可以应用牛顿第一定律。

二、牛顿第二定律的理解

(1) 揭示了 a 与 F、m 的定量关系，特别是 a 与 F 的几种特殊的对应关系：同时性、同向性、相对性、独立性。

(2) 牛顿第二定律进一步揭示了力与运动的关系，一个物体的运动情况决定于物体的受力情况和初始状态。

(3) 加速度是联系受力情况和运动情况的桥梁，无论是由受力情况确定运动情况，还是由运动情况确定受力情况，都需求出加速度。

三、牛顿第三定律的理解

(1) 力总是成对出现于同一对物体之间，物体间的这对力一个是作用力，另一个是反作用力。

(2) 指出了物体间的相互作用的特点：两个相互作用力大小相等，方向相反，作用在同一直线上，同时出现、存在、消失；但是它们方向不同，施力物体和受力物体不同，效果不同。

四、运用牛顿运动定律解题的步骤

（1）弄清条件，明确问题（弄清已知条件、明确所求的问题及研究对象）。
（2）隔离物体，受力分析（对研究的物体单独画一简图，进行受力分析）。
（3）建立坐标，列运动方程（一般列分量式）。
（4）求解方程，代入数据。

五、注意事项

（1）在列方程时需注意运动方程的瞬时性，以及力和加速度的方向性、叠加性。
（2）方程通常写为分量式形式，在直角坐标系中为

$$F_x = ma_x = m\frac{d^2 x}{dt^2},\ F_y = ma_y = m\frac{d^2 y}{dt^2},\ F_z = ma_z = m\frac{d^2 z}{dt^2}$$

在曲线坐标系中有

$$\begin{cases} F_n = ma_n = m\dfrac{v^2}{\rho} \\ F_t = ma_t = m\dfrac{dv}{dt} \end{cases}$$

式中，F_n 和 F_t 分别代表法向合力和切向合力，ρ 是曲线在该点的曲率半径。

◎**典型例题**

【例题】如图 1-3 所示，将小砝码置于桌面上的薄纸板上，用水平向右的拉力将纸板迅速抽出，砝码的移动很小，几乎观察不到，这就是大家熟悉的惯性演示实验。若砝码和纸板的质量分别为 m_1 和 m_2，各接触面间的动摩擦因数均为 μ，重力加速度为 g。

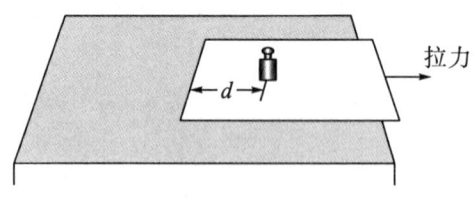

图 1-3

（1）当纸板相对砝码运动时，求纸板所受摩擦力的大小。
（2）要使纸板相对砝码运动，求所需拉力的大小。
（3）本实验中，$m_1 = 0.5$ kg，$m_2 = 0.1$ kg，$\mu = 0.2$，砝码与纸板左端的距离 $d = 0.1$ m，取 $g = 10$ m/s²。若砝码移动的距离超过 $L = 0.002$ m，人眼就能感知。为确保实验成功，纸板所需的拉力至少多大？

【解析】（1）由于砝码对纸板的摩擦力为 $F_1 = \mu m_1 g$，桌面对纸板的摩擦力 $F_2 =$

$\mu(m_1+m_2)g$，故纸板受到的摩擦力

$$F_f = F_1 + F_2 = \mu(2m_1+m_2)g$$

（2）设砝码的加速度为 a_1，由牛顿第二定律

$$F_1 = m_1 a_1$$

设纸板的加速度为 a_2，由牛顿第二定律

$$F - F_1 - F_2 = m_2 a_2$$

两物体发生相对运动，则 $a_2 > a_1$，解得 $F > 2\mu(m_1+m_2)g$。

（3）纸板抽出前，砝码运动的距离

$$x_1 = \frac{1}{2}a_1 t_1^2$$

纸板运动的距离为

$$x_1 + d = \frac{1}{2}a_2 t_1^2$$

纸板抽出后，砝码在桌面上运动的距离

$$x_2 = \frac{1}{2}a_3 t_2^2$$

由物体的位移关系知，砝码移动的距离 $L = x_1 + x_2$；由题意知，$a_1 = a_3$，$a_1 t_1 = a_3 t_2$，解得

$$F = 2\mu \left[m_1 + \left(1 + \frac{d}{L}\right) m_2 \right] g$$

将 $m_1 = 0.5$ kg，$m_2 = 0.1$ kg，$\mu = 0.2$，$d = 0.1$ m，$L = 0.002$ m，$g = 10$ m/s² 代入上式得 $F = 22.4$ N。

第三节 运动的描述

◎考纲提要

一、参照系、坐标系、质点

二、位置矢量、运动方程、轨迹方程、位移

三、速度

四、加速度

◎考点梳理

一、参照系、坐标系、质点

1. 参照系

为描述物体运动而选择作参考的物体叫参照物，与参考物固连的空间和时间组合称为参考系。

2. 坐标系

为了定量地研究物体的运动，要选择一个固定于参照系的坐标系，如图1-4所示。

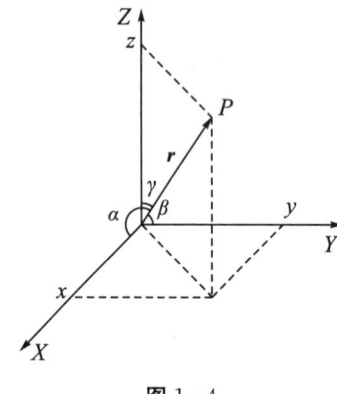

图1-4

说明：参照系、坐标系的选择视处理问题方便而定。

3. 质点

忽略物体的大小和形状，而把它看作一个具有质量、占据位置的物体，这样的物体称为质点。

说明：

（1）质点是一种理想模型，而不真实存在（物理中有很多理想模型）。

（2）质点突出了物体两个基本性质：①具有质量；②占有位置。

（3）物体能否视为质点是有条件的、相对的。

二、位置矢量、运动方程、轨迹方程、位移

1. 位置矢量

由坐标原点到质点所在位置的矢量称为位置矢量（简称位矢或径矢），如图1-4所示。

直角坐标系中，质点 P 的位置矢量：$\boldsymbol{r} = x\boldsymbol{i} + y\boldsymbol{j} + z\boldsymbol{k}$。位矢大小：$r = |\boldsymbol{r}| = \sqrt{x^2 + y^2 + z^2}$。

r 的方向可由方向余弦确定：

$$\cos\alpha = \frac{x}{r}, \quad \cos\beta = \frac{y}{r}, \quad \cos\gamma = \frac{z}{r}$$

2. 运动方程

质点的位置坐标与时间的函数关系，称为运动方程。

(1) 矢量式：$\boldsymbol{r}(t) = x(t)\boldsymbol{i} + y(t)\boldsymbol{j} + z(t)\boldsymbol{k}$。

(2) 分量式：$x = x(t)$，$y = y(t)$，$z = z(t)$。

3. 轨迹方程

运动方程中消掉 t，得出 x、y、z 之间的关系式。例如平面上运动质点，运动方程为 $x = t$，$y = t^2$，则轨迹方程为 $y = x^2$（抛物线）。

4. 位移

以平面运动为例，取直角坐标系，如图 1-5 所示。设 t、$t + \Delta t$ 时刻质点位矢分别为 $\boldsymbol{r}_1$、$\boldsymbol{r}_2$，则 Δt 时间间隔内位矢变化

$$\Delta \boldsymbol{r} = \boldsymbol{r}_2 - \boldsymbol{r}_1 = (x_2 - x_1)\boldsymbol{i} + (y_2 - y_1)\boldsymbol{j}$$

称为该时间间隔内质点的位移。其大小为

$$|\Delta \boldsymbol{r}| = \sqrt{(x_2 - x_1)^2 + (y_2 - y_1)^2}$$

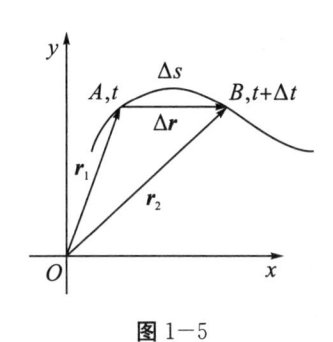

图 1-5

讨论：

(1) 比较 $\Delta \boldsymbol{r}$ 与 $\boldsymbol{r}$：二者均为矢量；前者是过程量，后者为瞬时量。

(2) 比较 $\Delta \boldsymbol{r}$ 与 Δs（$A \to B$ 路程）：二者均为过程量；前者是矢量，后者是标量。一般情况下 $|\Delta \boldsymbol{r}| \neq \Delta s$。当 $\Delta t \to 0$ 时，$|\Delta \boldsymbol{r}| = \Delta s$。

三、速度

为了描述质点运动快慢及方向，引进速度概念。

1. 平均速度

$$\bar{\boldsymbol{v}} = \frac{\Delta \boldsymbol{r}}{\Delta t}$$

称 $\bar{\boldsymbol{v}}$ 为 $t \to t + \Delta t$ 时间间隔内质点的平均速度。

$$\bar{\boldsymbol{v}} = \frac{\Delta \boldsymbol{r}}{\Delta t} = \frac{\Delta x}{\Delta t}\boldsymbol{i} + \frac{\Delta y}{\Delta t}\boldsymbol{j} = \bar{v}_x \boldsymbol{i} + \bar{v}_y \boldsymbol{j}$$

$\bar{\boldsymbol{v}}$ 方向与 $\Delta \boldsymbol{r}$ 方向相同。

说明：$\bar{\boldsymbol{v}}$ 与时间间隔 $(t, t+\Delta t)$ 相对应。

2. 瞬时速度

$\bar{\boldsymbol{v}}$ 粗略地描述了质点的运动情况，为了描述质点运动的细节，引进瞬时速度：

$$\boldsymbol{v} = \lim_{\Delta t \to 0} \bar{\boldsymbol{v}} = \lim_{\Delta t \to 0} \frac{\Delta \boldsymbol{r}}{\Delta t} = \frac{\mathrm{d}\boldsymbol{r}}{\mathrm{d}t}$$

称 $\boldsymbol{v}$ 为质点在 t 时刻的瞬时速度，简称速度。

（1）质点的速度等于位矢对时间的一阶导数：

$$\boldsymbol{v} = \frac{\mathrm{d}\boldsymbol{r}}{\mathrm{d}t} = \frac{\mathrm{d}x}{\mathrm{d}t}\boldsymbol{i} + \frac{\mathrm{d}y}{\mathrm{d}t}\boldsymbol{j} = v_x \boldsymbol{i} + v_y \boldsymbol{j}$$

式中，$v_x = \frac{\mathrm{d}x}{\mathrm{d}t}$，$v_y = \frac{\mathrm{d}y}{\mathrm{d}t}$。$v_x$、$v_y$ 分别为 $\boldsymbol{v}$ 在 x、y 轴方向的分量。

（2）$\boldsymbol{v}$ 的大小：

$$|\boldsymbol{v}| = \left|\frac{\mathrm{d}\boldsymbol{r}}{\mathrm{d}t}\right| = \sqrt{\left(\frac{\mathrm{d}x}{\mathrm{d}t}\right)^2 + \left(\frac{\mathrm{d}y}{\mathrm{d}t}\right)^2} = \sqrt{v_x^2 + v_y^2}$$

（3）$\boldsymbol{v}$ 的方向：所在位置的切线向前方向。$\boldsymbol{v}$ 与 x 正向轴夹角满足 $\tan\theta = v_y/v_x$。

3. 平均速率与瞬时速率

$$\bar{v} = \frac{\Delta s}{\Delta t} = \frac{t \to t + \Delta t \text{ 内路程}}{\Delta t}$$

称 $\bar{v}$ 为质点在 $t \to t + \Delta t$ 时间段内的平均速率。

$$v = \lim_{\Delta t \to 0} \bar{v} = \lim_{\Delta t \to 0} \frac{\Delta s}{\Delta t} = \frac{\mathrm{d}s}{\mathrm{d}t}$$

称 v 为 t 时刻质点的瞬时速率，简称速率。

当 $\Delta t \to 0$ 时（参见图 1-5），$\Delta \boldsymbol{r} = \mathrm{d}\boldsymbol{r}$，$\Delta s = \mathrm{d}s$，有 $|\mathrm{d}\boldsymbol{r}| = \mathrm{d}s$。由此可见

$$v = \frac{\mathrm{d}s}{\mathrm{d}t} = \frac{|\mathrm{d}\boldsymbol{r}|}{\mathrm{d}t} = \left|\frac{\mathrm{d}\boldsymbol{r}}{\mathrm{d}t}\right| = |\boldsymbol{v}|$$

即

$$v = |\boldsymbol{v}| = \frac{\mathrm{d}s}{\mathrm{d}t}$$

质点速率等于其速度大小或等于路程对时间的一阶导数。

说明：

(1) 比较 $\bar{v}$ 与 $\bar{\boldsymbol{v}}$：二者均为过程量；前者为标量，后者为矢量。

(2) 比较 v 与 $\boldsymbol{v}$：二者均为瞬时量；前者为标量，后者为矢量。

四、加速度

为了描述质点速度变化的快慢，引进加速度的概念。

1. 平均加速度

$$\bar{\boldsymbol{a}} = \frac{\Delta \boldsymbol{v}}{\Delta t} = \frac{\boldsymbol{v}_2 - \boldsymbol{v}_1}{\Delta t}$$

称 $\bar{\boldsymbol{a}}$ 为 $t \to t + \Delta t$ 时间间隔内质点的平均加速度。

2. 瞬时加速度

为了描述质点运动速度变化的细节，引进瞬时加速度：

$$\boldsymbol{a} = \lim_{\Delta t \to 0} \bar{\boldsymbol{a}} = \lim_{\Delta t \to 0} \frac{\Delta \boldsymbol{v}}{\Delta t} = \frac{\mathrm{d}\boldsymbol{v}}{\mathrm{d}t}$$

称 $\boldsymbol{a}$ 为质点在 t 时刻的瞬时加速度，简称加速度。

(1) 加速度等于速度对时间的一阶导数

$$\boldsymbol{a} = \frac{\mathrm{d}\boldsymbol{v}}{\mathrm{d}t} = \frac{\mathrm{d}v_x}{\mathrm{d}t}\boldsymbol{i} + \frac{\mathrm{d}v_y}{\mathrm{d}t}\boldsymbol{j}$$

或位矢对时间的二阶导数

$$\boldsymbol{a} = \frac{\mathrm{d}^2 \boldsymbol{r}}{\mathrm{d}t^2} = \frac{\mathrm{d}^2 x}{\mathrm{d}t^2}\boldsymbol{i} + \frac{\mathrm{d}^2 y}{\mathrm{d}t^2}\boldsymbol{j}$$

式中，$a_x = \frac{\mathrm{d}v_x}{\mathrm{d}t} = \frac{\mathrm{d}^2 x}{\mathrm{d}t^2}$，$a_y = \frac{\mathrm{d}v_y}{\mathrm{d}t} = \frac{\mathrm{d}^2 y}{\mathrm{d}t^2}$ 分别称为 $\boldsymbol{a}$ 在 x、y 轴上的分量。

(2) $\boldsymbol{a}$ 的大小：

$$|\boldsymbol{a}| = \sqrt{a_x^2 + a_y^2} = \sqrt{\left(\frac{\mathrm{d}v_x}{\mathrm{d}t}\right)^2 + \left(\frac{\mathrm{d}v_y}{\mathrm{d}t}\right)^2} = \sqrt{\left(\frac{\mathrm{d}^2 x}{\mathrm{d}t^2}\right)^2 + \left(\frac{\mathrm{d}^2 y}{\mathrm{d}t^2}\right)^2}$$

◎ 典型例题

【例题】 一物体做匀加速直线运动，通过一段位移 Δx 所用的时间为 t_1，紧接着通过下一段位移 Δx 所用时间为 t_2。则物体运动的加速度为（ ）

A. $\dfrac{2\Delta x(t_1 - t_2)}{t_1 t_2(t_1 + t_2)}$

B. $\dfrac{\Delta x(t_1 - t_2)}{t_1 t_2(t_1 + t_2)}$

C. $\dfrac{2\Delta x(t_1+t_2)}{t_1 t_2(t_1-t_2)}$ D. $\dfrac{\Delta x(t_1+t_2)}{t_1 t_2(t_1-t_2)}$

【解析】 选 A。物体做匀加速直线运动在前一段 Δx 所用的时间为 t_1，平均速度为 $\bar{v}_1 = \dfrac{\Delta x}{t_1}$，即为 $\dfrac{t_1}{2}$ 时刻的瞬时速度；物体在后一段 Δx 所用的时间为 t_2，平均速度为 $\bar{v}_2 = \dfrac{\Delta x}{t_2}$，即为 $\dfrac{t_2}{2}$ 时刻的瞬时速度。速度由 $\bar{v}_1$ 变化到 $\bar{v}_2$ 的时间为 $\Delta t = \dfrac{t_1+t_2}{2}$，所以加速度

$$a=\dfrac{\bar{v}_2-\bar{v}_1}{\Delta t}=\dfrac{2\Delta x(t_1-t_2)}{t_1 t_2(t_1+t_2)}$$

第四节　匀变速直线运动

◎ **考纲提要**

一、匀变速运动的速度、位移、时间之间的关系

二、打点计时器相关知识点的应用

三、位移－时间图象和速度－时间图象

四、自由落体和竖直上抛问题

◎ **考点梳理**

一、基本规律和方法

1. 两个基本公式

位移公式 $s=v_0 t+\dfrac{1}{2}at^2$，速度公式 $v_t=v_0+at$。

2. 两个推论

匀变速度运动的判别式：$\Delta s=s_n-s_{n-1}=aT^2$。速度与位移关系式：$v^2-v_0^2=2as$。如果初速度为零，或者末速度为零，那么公式可简化为：

$$v=at,\ s=\dfrac{1}{2}at^2,\ v^2=2as,\ s=\dfrac{v}{2}t$$

3. 两个特性

$$v_{t/2}=\dfrac{v_0+v_t}{2},\ v_{s/2}=\sqrt{\dfrac{1}{2}(v_0^2+v_t^2)}$$

可以证明，无论是匀加速还是匀减速，都有 $v_{t/2}<v_{s/2}$。

4. 两组比例式

对于初速度为零的匀加速直线运动：

(1) 按照连续相等时间间隔分有

1 s 末、2 s 末、3 s 末……瞬时速度之比为 $v_1:v_2:v_3:\cdots:v_n=1:2:3:\cdots:n$。

前 1 s、前 2 s、前 3 s……内的位移之比为 $x_1:x_2:x_3:\cdots:x_n=1^2:2^2:3^2:\cdots:n^2$。

第 1 s、第 2 s、第 3 s……内的位移之比为 $x_I:x_{II}:x_{III}:\cdots:x_n=1:3:5:\cdots:(2n-1)$。

(2) 按照连续相等的位移分有

1 m 末、2 m 末、3 m 末……速度之比为 $v_1:v_2:v_3:\cdots:v_n=1:\sqrt{2}:\sqrt{3}:\cdots:\sqrt{n}$。

前 1 m、前 2 m、前 3 m……所用的时间之比为 $t_1:t_2:t_3:\cdots:t_n=1:\sqrt{2}:\sqrt{3}:\cdots:\sqrt{n}$。

第 1 m、第 2 m、第 3 m……所用的时间之比为 $t_1:t_2:t_3:\cdots:t_n=1:(\sqrt{2}-1):(\sqrt{3}-\sqrt{2}):\cdots:(\sqrt{n}-\sqrt{n-1})$。

5. 两个图象

两个图象即位移－时间图象与速度－时间图象。研究和处理图象问题，要注意首先看清纵、横轴各表示的意义，采用什么单位，明白所研究的图象的意义。识图方法：一轴、二线、三斜率、四面积、五截距、六交点。

(1) 位移－时间图象。

在平面直角坐标系中，用纵轴表示位移 s，用横轴表示时间 t，通过描点和连线后得到的图象，简称位移图象。位移－时间图象表示位移随时间的变化规律。破解位移图象问题的五个要点如下：

① $x-t$ 图象只能用来描述直线运动，反映位移 x 随时间 t 的变化关系，不表示物体的运动轨迹。

② 由 $x-t$ 图象可判断各时刻物体的位置，或相对坐标原点的位移。

③ 由 $x-t$ 图象的斜率判断物体运动的性质。

若 $x-t$ 图象是一条倾斜直线，则表示物体做匀速直线运动，直线的斜率表示物体的速度。图象的斜率为正值，表示物体沿与规定的正方向相同的方向运动；图象的斜率为负值，表示物体沿与规定的正方向相反的方向运动。若 $x-t$ 图象与时间轴平行，说明斜率为零，即物体的速度为零，表示物体处于静止状态；若物体做非匀速直线运动，则 $x-t$ 图象是一条曲线。图象上两点连线的斜率表示这段时间内的平均速度，图象上某点切线的斜率表示这点的瞬时速度。

④ 若 $x-t$ 图象不过原点，有两种情况：

$x-t$ 图象在纵轴上的截距表示开始计时物体的位移不为零（相对于参考点）。

$x-t$ 图象在横轴上的截距表示物体过一段时间才从参考点出发。

⑤ 两线相交说明两物体相遇，其交点的横坐标表示相遇的时刻，纵坐标表示相遇处对参考点的位移。

(2) 速度－时间图象。

对于匀变速直线运动来说，其速度随时间变化的 $v-t$ 图象为一条直线。对于该图象，应把握的有如下三个要点：

①纵轴上截距的物理意义是运动物体的初速度 v_0。

②图象斜率的物理意义是运动物体的加速度 a。

③图象下"面积"的物理意义是运动物体在相应的时间内所发生的位移。

二、自由落体运动

1. 定义

只受重力作用，从静止开始的下落运动。其为匀加速直线运动。

2. 特点

(1) 初速度 $v_0=0$。

(2) 只受一个力，即重力作用。当空气阻力很小，可以忽略不计时，物体的下落可以看作自由落体运动。

3. 自由落体运动的规律

(1) 速度公式：$v_t=gt$。

(2) 位移公式：$s=\dfrac{1}{2}gt^2$。

(3) 速度位移关系：$v_t^2=2gs$。

(4) 平均速度公式：$\bar{v}=\dfrac{v_t}{2}$。

4. 重力加速度

重力加速度的方向始终竖直向下，大小跟高度和纬度有关。地面附近通常取 $g=9.8$ m/s²，粗略计算时，可取 10 m/s²。同一地点，任何物体的自由落体加速度相同，跟物体的质量无关。

三、竖直上抛运动

1. 定义

物体以初速 v_0 竖直向上抛出，不计空气阻力，抛出后物体只受重力作用的运动。其为加速度为 $-g$ 的匀变速直线运动。

2. 基本规律

(1) 速度公式：$v_t=v_0-gt$。

(2) 位移公式：$s = v_0 t - \frac{1}{2} g t^2$。

(3) 速度位移关系：$v_t^2 - v_0^2 = 2gs$。

3. 基本特点

(1) 上升到最高点的时间：$t = \sqrt{2h/g}$。

(2) 落回到抛出点的时间：$t = \sqrt{2h/g}$。

(3) 落回到抛出点的速度与初速度相等。

(4) 上升的最大高度由初速度决定。

4. 处理方法

(1) 分段法：将运动分为上升段和下降段分别处理。

(2) 整体法：仅考虑质点的初始状态和末状态。

◎典型例题

【例题】将一物体以某一初速度竖直上抛。物体在运动过程中受到一大小不变的空气阻力作用，它从抛出点到最高点的运动时间为 t_1，再从最高点回到抛出点的运动时间为 t_2，如果没有空气阻力作用，它从抛出点到最高点所用的时间为 t_0，则（　　）

A. $t_1 > t_0$　　$t_2 < t_1$
B. $t_1 < t_0$　　$t_2 > t_1$
C. $t_2 > t_0$　　$t_2 > t_1$
D. $t_1 < t_0$　　$t_2 < t_1$

【解析】选 B。上抛、无空气阻力、下降三种情况下的匀变速运动加速度：$a_1 > g > a_2$。其中，$a_1 t_1 = v_0 = g t_0$，易得 $t_0 > t_1$。由上升与下降过程：$\frac{1}{2} a_1 t_1^2 = \frac{1}{2} a_2 t_2^2$，得 $t_2 > t_1$，选项 B 正确。

【例题】下列所给的位移－时间图象与速度－时间图象（图 1－6）中能反映做直线运动的物体在 2 秒末回到初始位置的是（　　）

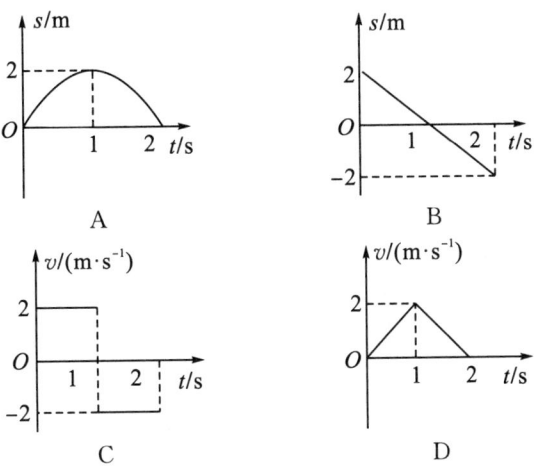

图 1－6

【解析】选 A、C。A 答案为位移－时间图象，2 秒时和初始时刻位移均为零。C 答案为速度－时间图象，前半段位移为 2 米，后半段位移为－2 米，相互抵消，导致 2 秒末位移为零。

【例题】竖直升空的火箭，其速度图象如图 1－7 所示。由图可知(　　)

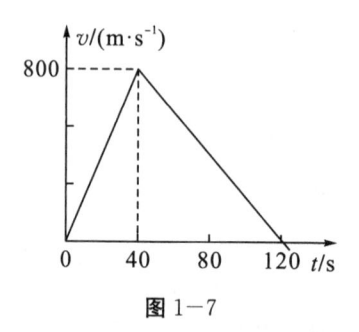

图 1－7

A. 火箭上升到最高点所用时间是 40 s　　B. 火箭前 40 s 上升，以后下降
C. 火箭的加速度始终是 20 m/s²　　D. 火箭离地最大的高度是 48000 m

【解析】选 D。火箭在前 0 至 40 s 做匀加速运动，后 40 至 120 s 火箭做匀减速运动。40 s 末时速度达到最大值，但火箭依然上升，120 s 末达到最高点，因此 A 和 B 选项错。速度－时间图象中，直线斜率反映物体的加速度，从图可知 0 至 40 s 加速度为 20 m/s²，40 至 120 s 加速度为－10 m/s²。因此 C 错。速度－时间图象中，图象的面积表示位移，计算图中三角形的面积就是位移，即火箭上升的最大高度。三角形面积等于 48000 m，因此正确答案为 D。

第五节　曲线运动

◎考纲提要

一、抛物运动的合成与分解
二、圆周运动的描述

◎考点梳理

一、抛物运动

1. 运动方程矢量式

$$r = v_0 t + \frac{1}{2} g t^2$$

2. 分量式

$$\begin{cases} x = v_0\cos\alpha t \text{（水平分运动为匀速直线运动）} \\ y = v_0\sin\alpha t - \dfrac{1}{2}gt^2 \text{（竖直分运动为匀变速直线运动）} \end{cases}$$

3. 平抛运动的规律

平抛运动的有关公式：以抛出点为坐标原点，水平初速度 v_0 方向为 x 轴正方向，竖直向下的方向为 y 轴正方向，建立如图 1-8 所示的坐标系。

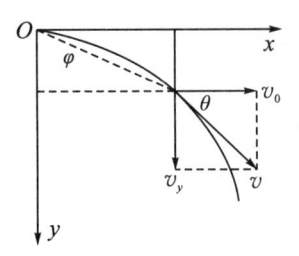

图 1-8

在该坐标系下，对任一时刻 t：

(1) 位移：分位移 $x = v_0 t$，$y = \dfrac{1}{2}gt^2$；合位移 $s = \sqrt{(v_0 t)^2 + \left(\dfrac{1}{2}gt^2\right)^2}$，合位移 s 与 x 轴的夹角 φ 满足 $\tan\varphi = \dfrac{gt}{2v_0}$。

(2) 速度：分速度 $v_x = v_0$，$v_y = gt$；合速度 $v = \sqrt{v_0^2 + (gt)^2}$，合速度 v 与 x 轴的夹角 θ 满足 $\tan\theta = \dfrac{gt}{v_0}$。

(3) 抛物体在任意时刻瞬时速度的反向延长线与初速度延长线的交点到抛出点的距离都等于水平位移的一半，如图 1-9 所示。

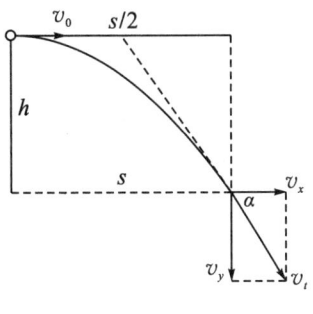

图 1-9

证明：设时间 t 内物体的水平位移为 s，竖直位移为 h，则末速度的水平分量 $v_x = v_0 = \dfrac{s}{t}$，而竖直分量 $v_y = \dfrac{2h}{t}$，$\tan\alpha = \dfrac{v_y}{v_x} = \dfrac{2h}{s}$，所以交点到抛物点的距离 $s' = s - \dfrac{h}{\tan\alpha} = \dfrac{s}{2}$。

二、圆周运动

1. 线量

线位移：s。

线速度：$v = \dfrac{\mathrm{d}s}{\mathrm{d}t}$。

切向加速度：$a_t = \dfrac{\mathrm{d}v}{\mathrm{d}t}$（速率随时间变化率）。

法向加速度：$a_n = \dfrac{v^2}{R}$（速度方向随时间变化率）。

2. 角量

角位移：θ（单位 rad）。

角速度：$\omega = \dfrac{\mathrm{d}\theta}{\mathrm{d}t}$（单位 $\mathrm{rad \cdot s^{-1}}$）。

角加速度：$\alpha = \dfrac{\mathrm{d}^2\theta}{\mathrm{d}t^2} = \dfrac{\mathrm{d}\omega}{\mathrm{d}t}$（单位 $\mathrm{rad \cdot s^{-2}}$）。

3. 线量与角量关系

$$s = R\theta, \quad v = R\omega, \quad a_t = R\alpha, \quad a_n = R\omega^2$$

4. 匀变速率圆周运动

(1) 线量关系 $\begin{cases} v = v_0 + at \\ s = v_0 t + \dfrac{1}{2}at^2 \\ v^2 - v_0^2 = 2as \end{cases}$。

(2) 角量关系 $\begin{cases} \omega = \omega_0 + \alpha t \\ \theta = \omega_0 t + \dfrac{1}{2}\alpha t^2 \\ \omega^2 - \omega_0^2 = 2\alpha\theta \end{cases}$。

5. 向心力

向心力不是一种独立的力，它是使物体产生向心加速度，从而使物体做圆周运动的合外力，凡是使物体产生向心加速度的力（可以是一个力，也可以是几个力的合力）就是向心力。

说明：

(1) 向心力不是一种特殊的力。重力（引力）、弹力、摩擦力等每一种力以及这些力的合力或分力都可以作为向心力。

(2) 匀速圆周运动中的向心力始终垂直于物体运动的速度方向，所以它只能改变物体的速度方向，不能改变速度的大小。

(3) 匀速圆周运动同样遵循牛顿运动定律。匀速圆周运动的物体具有向心加速度，

物体所受合外力 $\sum \boldsymbol{F}_{外} = \boldsymbol{F}_{向} = m\boldsymbol{a}_{向}$。同理，这个向心力是物体实际受到的全部外力在沿着向心加速度的方向上合成得到的（并不是物体实际受到的这些外力之外，还受到了所谓"向心力"的力）。

◎ 典型例题

【例题】 平抛小球的闪光照片如图 1-10 所示。已知方格边长 a 和闪光照相的频闪间隔 T，求：v_0、g、v_C。

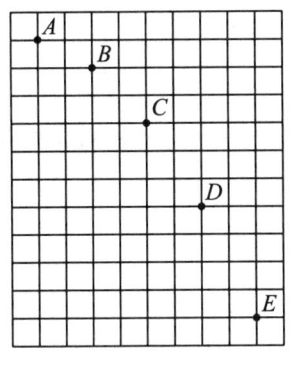

图 1-10

【解析】 水平方向：$v_0 = \dfrac{2a}{T}$，竖直方向：$\Delta s = gT^2$，$g = \dfrac{a}{T^2}$。

先求 C 点的水平分速度 v_x 和竖直分速度 v_y，再求合速度 v_C：

$$v_x = v_0 = \frac{2a}{T}, \qquad v_y = \frac{5a}{2T}, \qquad v_C = \frac{a}{2T}\sqrt{41}$$

【例题】 已知网高 H，半场长 L，扣球点高 h，扣球点离网水平距离 s。求：水平扣球速度 v 的取值范围。

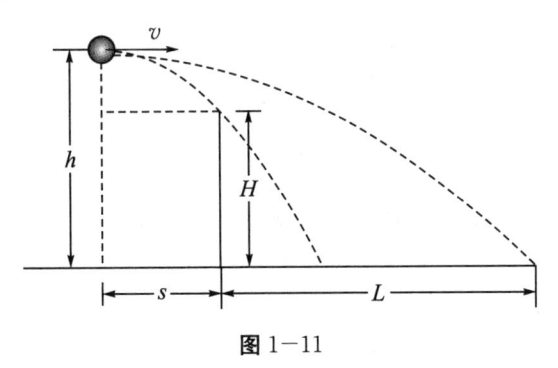

图 1-11

【解析】 假设运动员用速度 $v_{\max}$ 扣球时，球刚好不会出界，用速度 $v_{\min}$ 扣球时，球刚好不触网，由图 1-11 中可见：

$$v_{\max} = (L+s) \Big/ \sqrt{\frac{2h}{g}} = (L+s)\sqrt{\frac{g}{2h}}$$

$$v_{\min}=s\Big/\sqrt{\frac{2(h-H)}{g}}=s\sqrt{\frac{g}{2(h-H)}}$$

实际扣球速度应在这两个值之间。

第六节　相对运动

◎**考纲提要**

一、参照系的选择

二、位置矢量、位移、速度和加速度在动系和定系中的变换

◎**考点梳理**

一、相对位矢

设有参照系 E、M，其上固连的坐标系如图 1-12 所示，二坐标系相应坐标轴平行，M 相对于 E 运动。质点 P 相对 E、M 的位矢分别为 r_{PE}、r_{PM}，相对位矢为：

$$\boldsymbol{r}_{PE}=\boldsymbol{r}_{PM}+\boldsymbol{r}_{O'E}$$

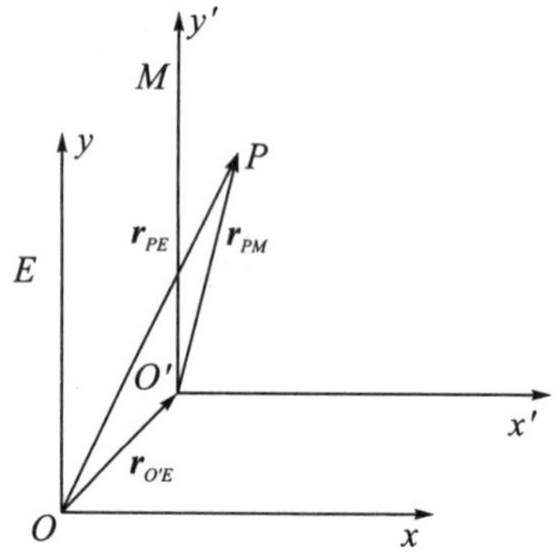

图 1-12

P 对 E 的位矢等于 P 对 M 的位矢与 O' 对 E 的位矢的矢量和。

二、相对位移

$$\Delta\boldsymbol{r}_{PE}=\Delta\boldsymbol{r}_{PM}+\Delta\boldsymbol{r}_{O'E}$$

P 对 E 的位移等于 P 对 M 的位移与 O' 对 E 的位移的矢量和。

三、相对速度

将式两边对时间求一阶导数有

$$v_{PE}=v_{PM}+v_{ME}$$

P 对 E 的速度等于 P 对 M 的速度与 M 对 E 的速度的矢量和。

四、相对加速度

速度方程对时间求一阶导数有

$$a_{PE}=a_{PM}+a_{ME}$$

P 对 E 的加速度等于 P 对 M 的加速度与 M 对 E 的加速度的矢量和。

◎**典型例题**

【例题】在空间某一点 O，向三维空间的各个方向以相同的速度 v_0 射出很多个小球，求 t 秒之后这些小球中离得最远的二个小球之间的距离是多少（假设 t 秒之内所有小球都未与其他物体碰撞）。

【解析】这道题初看是一个比较复杂的问题，要考虑向各个方向射出的小球的情况。但如果我们取一个在小球射出的同时开始自 O 点自由下落的参考系，所有小球都始终在以 O 点为球心的球面上，球的半径是 $v_0 t$，那么离得最远的两个小球之间的距离自然就是球的直径 $2v_0 t$。

【例题】如图 1-13 所示，在同一铅垂面上向图示的两个方向以 $v_A=10$ m/s，$v_B=20$ m/s 的初速度抛出 A、B 两个质点，问 1 s 后 A、B 相距多远？

图 1-13

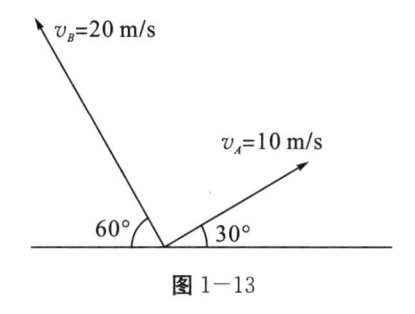

【解析】这道题可以取一个初速度为零，当 A、B 抛出时开始以加速度 g 向下运动的参考系。在这个参考系中，A、B 二个质点都做匀速直线运动，而且方向互相垂直，它们之间的距离

$$s_{AB}=\sqrt{(v_A t)^2+(v_B t)^2}=10\sqrt{5}\approx 22.4\ (\text{m})$$

【例题】物体 A 在地面上足够高的空中以速度 v_1 平抛，与此同时，物体 B 在 A 正下方距离 h 处以速度 v_2 竖直上抛，不计空气阻力，则二者在空中运动时的最近距离为（ ）

A. $h\dfrac{v_1}{v_2}$ B. $h\dfrac{v_2}{v_1}$ C. $h\dfrac{v_1}{\sqrt{v_1^2+v_2^2}}$ D. $h\dfrac{v_2}{\sqrt{v_1^2+v_2^2}}$

【解析】选 C。由于二者加速度相同，则二者相对匀速。以 A 为参考系，则 B 相对 A 匀速运动的速度为 $\sqrt{v_1^2+v_2^2}$，方向如图 1-14 所示，二者间的最近距离即为图中 AC，根据几何关系就可求出 $AC=h\dfrac{v_1}{\sqrt{v_1^2+v_2^2}}$。

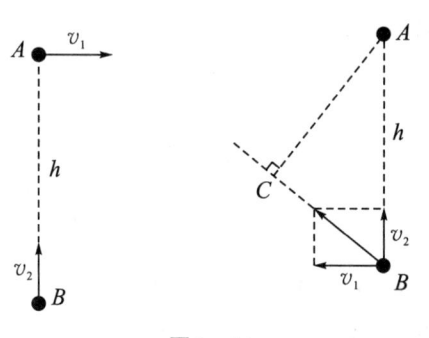

图 1-14

第七节 功与能

◎考纲提要

一、功、功率和势能

二、动能定理和机械能守恒

◎考点梳理

一、功、功率和势能

1. 功的定义

(1) 恒力的功（见图 1-15）。

图 1-15

① 当力与运动方向一致时：$A=Fs$。

② 当力与运动方向成 α 角时：$A=Fs\cos\alpha$。

在国际单位制中，功的单位是牛顿·米（N·m），称为焦耳（J）；在工程制中，是千克力·米。

说明：功有正负。当 $\alpha < \dfrac{\pi}{2}$ 时，功为正值，也就是力对物体做正功。当 $\alpha = \dfrac{\pi}{2}$ 时，功为零，也就是力对物体不做功。当 $\alpha > \dfrac{\pi}{2}$ 时，功为负值，也就是力对物体做负功，或者说，物体反抗外力而做功。功本身是标量，没有方向。

（2）变力的功（见图 1-16）。

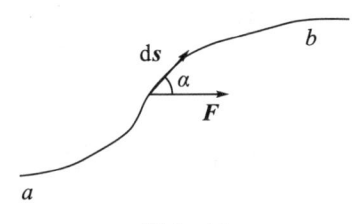

图 1-16

在曲线运动中，我们必须知道在曲线路程上每一位移元 Δs_i 处力 $\boldsymbol{F}_i$ 和位移元 Δs_i 之间的夹角 α_i，此时微功 ΔA 和总功 A 分别为

$$\Delta A = \boldsymbol{F}_i \cdot \Delta \boldsymbol{s}_i = F_i \cos\alpha_i \Delta s_i$$

$$A = \sum_i \boldsymbol{F}_i \cdot \Delta \boldsymbol{s}_i = \sum_i F_i \cos\alpha_i \Delta s_i$$

总功用积分式表示为

$$A = \int_a^b F\cos\alpha \, \mathrm{d}s = \int_a^b \boldsymbol{F} \cdot \mathrm{d}\boldsymbol{s} = \int_a^b (F_x \mathrm{d}x + F_y \mathrm{d}y + F_z \mathrm{d}z)$$

式中，a、b 分别表示曲线运动的起点和终点。

（3）合力的功。

假如有许多力同时作用于同一物体，我们不难证明合力的功等于各分力的功的代数和。

2. 功率

（1）平均功率：$P = \dfrac{\Delta A}{\Delta t}$。

（2）瞬时功率：$P = \lim\limits_{\Delta t \to 0} \dfrac{\Delta A}{\Delta t} = \dfrac{\mathrm{d}A}{\mathrm{d}t}$ 或 $P = \lim\limits_{\Delta t \to 0} F \dfrac{\Delta s}{\Delta t} \cos\alpha = Fv\cos\alpha = \boldsymbol{F} \cdot \boldsymbol{v}$。

上式说明瞬时功率等于力的速度方向的分量和速度大小的乘积。

在国际单位制中，功率的单位是焦耳·秒$^{-1}$（J·s^{-1}），称为瓦特（W）。

3. 势能

（1）重力势能：$E_p = mgh$。

（2）弹性势能：$E_p = \dfrac{1}{2}kx^2$。

（3）引力势能：$E_p = -G\dfrac{Mm}{r}$。

二、动能定理和机械能守恒

(1) 动能：$E_k = \frac{1}{2}mv^2$。

(2) 质点的动能定理：$A = \int_a^b F\cos\alpha \, ds = \frac{1}{2}mv_b^2 - \frac{1}{2}mv_a^2$。合外力对物体所作的功等于物体的动能的增量，这一结论称为动能定理。

◎ **典型例题**

【例题】如图 1-17 所示，钢珠沿竖直平面上的光滑轨道 $abcd$ 从 a 点运动到 d 点，钢珠(　　)

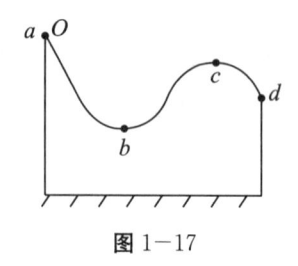

图 1-17

A. 通过 d 时的速度比通过 c 时大
B. 在 c 点比在 b 点的重力势能小
C. 从 a 运动到 b 的过程中，动能转化为重力势能
D. 从 b 运动到 c 的过程中，机械能转化为重力势能

【解析】选 A。由于轨道光滑，整个运动过程中机械能守恒。a 运动到 b 的过程中，重力势能转换为动能；b 运动到 c 的过程中，动能转换为重力势能；c 运动到 d 的过程中，重力势能转换为动能。

【例题】关于功和能，下列说法正确的是(　　)

A. 功有正负，因此功是矢量
B. 能量可以转化与转移，但是总量不变
C. 能量的单位是焦耳，功的单位是瓦特
D. 物体发生 1 m 位移的过程中，作用在物体上大小为 1 N 的力对物体做的功一定为 1 J

【解析】选 B。功是标量，只有大小没有方向，但有正负之分；根据能量守恒，能量可以转化或转移，但总量保持不变；功和能量的单位都是焦耳，功率的单位是瓦特；根据 $A = Fs\cos\alpha$ 可知，物体发生 1 m 位移的过程中，作用在物体上大小为 1 N 的力对物体做的功只有在它们的夹角为 0 时，功才为 1 J。

【例题】民用航空客机的机舱一般都设有紧急出口，飞机发生意外情况着陆后，打开紧急出口的舱门，会自动生成一个由气囊构成的斜面。如图 1-18 所示为某气囊斜面，机舱离底端的竖直高度 AB=3.0 m，斜面长 AC=5.0 m，斜面与水平地面 CD 段间有一段小圆弧平滑连接。旅客从气囊上由静止开始滑下，其与气囊、地面间的动摩擦因数均为 μ =0.55，不计空气阻力，g=10 m/s²。求：

(1) 人滑到斜面底端 C 时的速度大小。

(2) 人离开 C 点后还要在地面上滑行多远才能停下？

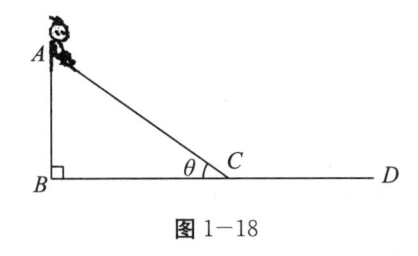

图 1-18

【解析】(1) 由动能定理得 $mgh\sin\theta - \mu mgs\cos\theta = \frac{1}{2}mv^2$，

解得 v=4 m/s。

(2) 设人在 CD 水平面上滑行的距离为 x，

由动能定理得 $\mu mgx = \frac{1}{2}mv^2$，

解得 x=1.45 m。

第八节　动量　动量守恒

◎ **考纲提要**

一、动量守恒定律的适用条件

二、弹性碰撞与非弹性碰撞

三、动量守恒定律的应用

◎ **考点梳理**

一、动量守恒定律

系统不受外力或所受外力合力为零时（不管物体间是否相互作用），合外力冲量为零，此时系统动量守恒。

如果系统所受外力的矢量和不为零，而外力在某方向上分力的和为零，则系统在该方向上动量守恒。

二、注意事项

(1) 矢量性：表达式 $m_1\boldsymbol{v}_1 + m_2\boldsymbol{v}_2 = m_1\boldsymbol{v}_1' + m_2\boldsymbol{v}_2'$ 中守恒式两边不仅大小相等，且

方向相同，等式两边的总动量是系统内所有物体动量的矢量和。在一维情况下，先规定正方向，再确定各已知量的正负，代入公式求解。

（2）系统性：动量守恒指系统内各物体的总动量保持不变。

（3）同时性：等式两边分别对应两个确定状态，每一状态下各物体的动量是同时的。

（4）相对性：表达式中的动量必须相对同一参照物（通常取地球为参照物）。

三、碰撞过程

碰撞为物体间发生相互作用的时间很短，而相互作用力很大的过程，通常可认为发生碰撞的物体系统动量守恒。按碰撞前后物体的动量是否在一条直线上，有正碰和斜碰之分，中学物理只研究正碰的情况。碰撞问题按机械能改变情况分为三类。

（1）弹性碰撞：碰撞结束后，形变全部消失，碰撞前后系统的总动量相等，总动能不变，例如钢球、微观粒子间的碰撞。

（2）一般碰撞：碰撞结束后，形变部分消失，碰撞前后系统的总动量相等，动能有部分损失，例如木制品、橡皮泥球的碰撞。

（3）完全非弹性碰撞：碰撞结束后，形变完全保留，通常表现为碰后两物体合二为一，以同一速度运动，碰撞前后系统的总动量相等，动能损失最多。

上述三种情况均不含其他形式能量转化为机械能的情况。

◎典型例题

【例题】如图1-19所示的装置中，木块 B 与水平面间接触是光滑的，子弹 A 沿水平方向射入木块后留在木块内，将弹簧压缩到最短，现将子弹、木块和弹簧合在一起作为研究对象（系统），则此系统在从子弹开始射入木块到弹簧压缩至最短的整个过程中（ ）

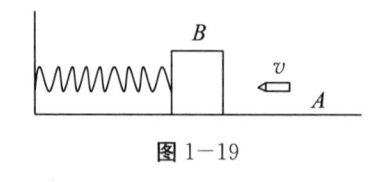

图 1-19

A. 动量守恒，机械能守恒　　　　　B. 动量不守恒，机械能不守恒

C. 动量守恒，机械能不守恒　　　　D. 动量不守恒，机械能守恒

【解析】选 B。合理选取研究对象和运动过程，利用机械能守恒和动量守恒的条件分析。如果只研究子弹 A 射入木块 B 的短暂过程，并且只选 A、B 为研究对象，则由于时间极短，只需考虑在 A、B 之间的相互作用，A、B 组成的系统动量守恒。但此过程中存在着动能和内能之间的转化，所以 A、B 系统机械能不守恒。本题研究的是从子弹开始射入木块到弹簧压缩至最短的整个过程，而且将子弹、木块和弹簧合在一起为研究对象，在这个过程中有竖直墙壁对系统的弹力作用（此力对系统来讲是外力），故动量不守恒。

【例题】质量为 $m_1 = 10$ g 的小球在光滑的水平面上以 $v_1 = 30$ cm/s 的速率向右运动，

恰遇上质量 $m_2=50$ g 的小球以 $v_2=10$ cm/s 的速率向左运动，碰撞后，小球 m_2 恰好停止，那么碰撞后小球 m_1 的速度是多大？方向如何？

【解析】由于两小球在光滑水平面上，以两小球组成的系统为研究对象，该系统沿水平方向不受外力，因此系统动量守恒。

碰撞过程两小球组成的系统动量守恒。设 v_1 的方向即向右为正方向，则各速度的正负及大小为：$v_1=30$ cm/s，$v_2=-10$ cm/s，$v_2'=0$，据 $m_1v_1+m_2v_2=m_1v_1'+m_2v_2'$，代入数值得：$v_1'=-20$ cm/s，即小球 m_1 的速度大小为 20 cm/s，方向与 v_1 方向相反，即向左。

第九节　振动与波动

◎考纲提要

一、振动图象与波动图象的区别
二、简谐振动、阻尼振动和受迫振动的特征

◎考点梳理

一、机械振动

质点沿着直线或弧线绕平衡位置往复运动叫作机械振动。机械振动是常见的一种运动形式。

1. 产生振动的必要条件

（1）回复力不为零。

（2）阻力很小。

注意：回复力是效果力，因此对质点振动受力进行分析时，不做独立分析。回复力的方向始终指向平衡位置。

2. 描述振动的物理量

（1）振幅（A）：振动质点离开平衡位置的最大距离。振幅是标量，是表示质点振动强弱的物理量。

（2）周期（T）：振动质点经过一次全振动，其振动状态又恢复到原来的状态所需的时间。周期是表示质点振动快慢的物理量。

（2）频率（f）：等于周期的倒数，表示一秒钟内振动质点完成全振动的次数。

二、简谐振动

简谐振动是振动中最简单、最基本的一种形式。弹簧振子、单摆（小振幅条件下的振动）是简谐振动中最典型、最常见的例子。

在简谐振动中，振动物体所受回复力的大小跟振动中的位移（x）成正比，方向始终与位移方向相反，指向平衡位置，回复力是周期性变化的。

1. 简谐振动的基本方程

(1) 运动方程：$x = A\cos(\omega t + \varphi)$，$x_m = A$。

(2) 速度方程：$v = -\omega A \sin(\omega t + \varphi)$，$v_m = \omega A$。

(3) 加速度方程：$a = -\omega^2 A \cos(\omega t + \varphi)$，$a_m = \omega^2 A$。

(4) 周期：$T = \dfrac{2\pi}{\omega}$。

(5) 频率：$f = \dfrac{1}{T} = \dfrac{\omega}{2\pi}$。

(6) 时间差与相位差的关系：$\Delta t = \dfrac{\Delta \varphi}{\omega}$。

2. 简谐振动的能量

(1) 动能：$E_k = \dfrac{1}{2}mv^2$。

(2) 势能：$E_p = \dfrac{1}{2}kx^2$。

(3) 总机械能：$E = E_p + E_k = \dfrac{1}{2}kx^2 + \dfrac{1}{2}mv^2 = \dfrac{1}{2}kA^2 = \dfrac{1}{2}mv_m^2$。

三、阻尼振动与受迫振动

1. 阻尼振动

当振动物体克服摩擦或其他阻力做功导致能量损失，从而振动物体的振幅随时间减小的振动。

2. 受迫振动

受迫振动为质点在周期性驱动力作用下的振动。受迫振动的频率等于驱动力的频率，与物体的固有频率无关。

3. 共振

物体作受迫振动中，开始时兼有自由振动（情况复杂）；待达到稳定后，自由振动已衰减为零，此时，受迫振动的频率等于驱动力变化的频率。当驱动力的频率等于受迫振动物体本身的固有频率时，受迫振动的振幅达到最大值，这种现象叫作共振。

共振产生的条件：$f_{驱} = f_{固}$。

四、机械波

机械振动在弹性媒质中的传播运动叫作机械波。

我们应特别注意，在振动的传播过程中，每个参与传播振动的质点不沿振动传播方向移动，即质点不随机械波迁移，而只在各自的平衡位置附近振动。

1. 产生条件

（1）振源。

（2）弹性媒质。

媒质中各质点间存在相互作用，因此一个质点的振动必然带动相邻的质点振动，于是振源的振动在媒质中传播的同时将其能量在媒质中传播出去。所以波动是传播能量的一种形式。

2. 波的分类

（1）横波：质点振动方向与波的传播方向垂直。横波波形有波峰和波谷。

（2）纵波：质点振动方向与波的传播方向在一条直线上。纵波波形有密部和疏部。声波是纵波。

3. 描述波的物理量

（1）频率（f）：波的频率与波源的振动频率相同。

在传播过程中，波的频率不变。只要振源的振动频率一定，则无论在什么媒质中传播，波的频率都等于振源的振动频率。

（2）波速（v）：波（质点振动状态）传播的速度。

机械波传播的速度仅取决于媒质的性质。同种媒质传播不同频率的同类机械波时，传播速度是相同的。

（3）波长（λ）：两个相邻的、在振动过程中对平衡位置的位移总是相同的质点间的距离，或者说在一个周期内波传播的距离。波长是标量。

（4）波长、频率和波速的关系：

$$v = \frac{\Delta s}{\Delta t} = \frac{\lambda}{T} = \lambda f$$

波速 v 由媒质决定，频率 f 只由振源决定。某一列横波由 A 媒质进入 B 媒质，其传播速度发生变化，但其频率不变，所以波长发生变化。

4. 波的图象

波的传播过程中，在某一时刻媒质各质点的位移末端连线，图线上各质点均为媒质中振动的质点，横坐标表示质点的平衡位置，纵坐标表示质点的位移。

波的图象的意义：

（1）能表示出质点振动的振幅（A）。

（2）能表示各质点振动的位移（y）。

（3）能表示出波长（λ）。

（4）能表示出各质点的振动方向、加速度大小及符号。

（5）能表示出各质点间的相位关系。

关于振动图象和波的图象的说明：

（1）物理意义不同：振动图象表示同一质点在不同时刻的位移，波的图象表示介质中的各个质点在同一时刻的位移。

（2）图象的横坐标不同：振动图象的横坐标表示时间，波的图象的横坐标表示距离。

（3）从振动图象上可以读出振幅和周期，从波的图象上可以读出振幅和波长。

◎ **典型例题**

【例题】一简谐横波沿 x 轴正向传播，如图 1-20 所示，图（a）是 $t=0$ 时刻的波形图，图（b）是介质中某点的振动图象，则该质点的 x 坐标值合理的是（　　）

(a)

(b)

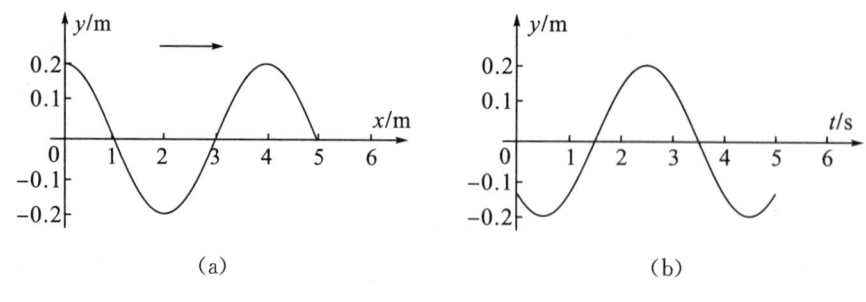

图 1-20

A. 0.5 m B. 1.5 m C. 2.5 m D. 3.5 m

【解析】选 C。由图（b）知质点在 $t=0$ 时的位移，对比图（a）可知该质点 x 坐标值可能是 1.5 m 和 2.5 m。由于简谐横波沿 x 轴正向传播，由图（a）可见 x 坐标值为 2.5 m 的质点在 $t=0$ 时将向下运动，符合图（b）所示。

【例题】一列简谐横波沿 x 轴正方向传播，如图 1-21 所示，图（a）是 $t=0$ 时刻的波形图，图（b）和图（c）分别是 x 轴上某两处质点的振动图象。由此可知，这两质点平衡位置之间的距离可能是（　　）

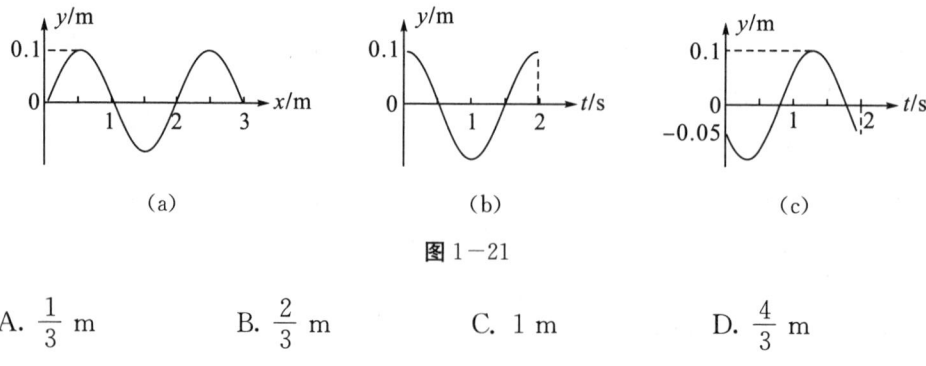

(a)

(b)

(c)

图 1-21

A. $\dfrac{1}{3}$ m B. $\dfrac{2}{3}$ m C. 1 m D. $\dfrac{4}{3}$ m

【解析】选 BD。根据题述及波形图和两处质点的振动图象，图（b）所示质点在 $t=0$ 时在正向最大位移处，图（c）所示质点在 $t=0$ 时 $x=0.05$ m，运动方向沿 y 轴负方向。结合波形图找到对应的点，如图 1-22 所示。若 b 在前 c 在后，则 b、c 间相差为 $\dfrac{1}{3}T$，则这两质点平衡位置之间的距离可能是 $\frac{1}{3}\lambda = \frac{2}{3}$ m（$\lambda = 2$ m），B 正确。若 b 在后 c 在前，则 c、b 间相差为 $\frac{2}{3}T$，则这两质点平衡位置之间的距离可能是 $\frac{2}{3}\lambda = \frac{4}{3}$ m（$\lambda = 2$ m），D 正确。

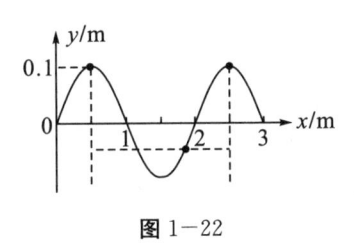

图 1-22

第十节　声现象

◎**考纲提要**

一、声音的产生和传播
二、声音的特征
三、噪声的危害和声的利用

◎**考点梳理**

一、声音的产生和传播

声的产生：声是由物体振动产生的；一切发声的物体都在振动，振动停止，声音停止。

声音的传播：声音的传播需要介质（传播声音的物质叫作介质），真空不能传声。固体、液体、气体都可传声。

声波：发声体振动会使传声的空气的疏密发生变化而产生声波。

声速：声音的传播快慢。决定声速快慢的因素：①介质种类；②介质温度。

记住：空气 15℃ 速度 340 m/s。

二、我们怎样听到声音

人耳的构造：外耳、中耳、内耳。

感知声音的过程：声源的振动产生声音→空气等介质的传播→鼓膜的振动。（外界传来的声音引起鼓膜的振动，这种振动经过听小骨及其他组织传给听觉神经，听觉神经把信号传给大脑，这样人就听到了声音）

骨传导：声音通过头骨、颌骨也能传到听觉神经，引起听觉，声音的这种传导方式叫作骨传导。

双耳效应：声源到两只耳朵的距离一般不同，声音传到两只耳朵的时刻、强弱及其他特征也不同，这些差异就是判断声源方向的重要基础，这就是双耳效应。

三、声音的特征

音调：声音的高低，跟物体振动的快慢有关，物体振动得快，发出的音调就高；振动得慢，音调就低；频率决定音调。

频率：物体振动的快慢。物体 1 s 振动的次数叫频率。人耳听觉范围：20～20000 Hz。

超声波：高于 20000 Hz 的声音。（蝙蝠、海豚可发出）

次声波：低于 20 Hz 的声音。（地震、海啸、台风、火山喷发）

响度：声音的强弱叫响度。响度跟振幅有关，振幅越大，响度越大。

音色：声音的特色。音色和发声体的材料、结构有关。

三种乐器：打击乐器、弦乐器、管乐器。乐器（发声体）的音调：长短（长的音调低）、粗细（粗的音调低）、松紧（松的音调低）决定了音调的高低。

四、噪声的危害和控制

噪声：物体做无规则振动发出的声音（物理学角度）。从环保角度看，凡是妨碍人们正常休息、学习和工作的声音，以及对人要听到的声音产生干扰的声音，都属于噪声。

噪声强弱的等级和危害：单位为分贝（dB），表示声音的强弱，0 dB 是人耳能听到的最微弱的声音；30～40 dB 是较理想的安静环境。为了保护听力，声音不得超过 90 dB；为了保证工作和学习，声音不得超过 70 dB；为了保证休息和睡眠，声音不得超过 50 dB。

控制噪声：防止噪声的产生，阻断噪声的传播，防止噪声进入人耳。也就是说，①在声源处减弱噪声；②在传播途中减弱噪声；③在人耳处减弱噪声。

五、声的利用

声与信息：声能传递信息。（雷声、B 超、敲击铁轨等）

回声定位：声波发出遇障碍反射，根据回声到来的方位和时间，确定目标的位置和距离。（蝙蝠）

声呐：根据回声定位。

声与能量：声能传递能量。（超声波清洗精密仪器、碎石）

◎ **典型例题**

【例题】下列有关声现象的说法中错误的是（　　）

A. 在《爸爸去哪儿》节目中，孩子们很容易辨别出爸爸发出的声音，这主要是爸爸声音的音调不同

B. 蒙上双眼仅凭声音也能大致确定声源的方位是由于"双耳效应"

C. 文明城市要求植树种草，树木和花草既能美化城市，也具有吸收、减弱噪声的作用

D. 古代行军宿营时，士兵枕着牛皮制的箭筒睡在地上，能及早听到敌人的马蹄声，是因为大地传声比空气快

【解析】考点：音调、响度与音色的区分，声音在不同介质中的传播速度，双耳效应，防治噪声的途径。

分析：①音色反映了声音的品质和特色，不同发声体的材料、结构不同，发出声音的音色也就不同；②人有两只耳朵，声源到两只耳朵的距离一般不同，声音传到两只耳朵的时间也不相同，声音在传播过程中，声音的强弱也会发生变化，我们的双耳就能根据这些不同来确定声音发出的方位；③减弱噪声的措施有：在声源处减弱，在传播过程中减弱，在人耳处减弱；④固体、液体、气体都可以传声，固体传声最快，液体次之，气体最慢。

选项A，因为每个人的声带结构不同，所以发出声音的音色就会不同，所以我们可以通过音色辨别是谁，故A错误。选项B，声音传到两只耳朵的时刻和强弱以及其他特征也不同，这些差异就是我们用耳朵判断声源方位的重要基础，也就是双耳效应。正是由于双耳效应，人们可以准确地判断声音传来的方位，故B正确。选项C，树木和花草具有吸收、减弱噪声的作用，属于在传播过程中减弱噪声，故C正确。选项D，固体传播声音比气体快，士兵枕着牛皮制的箭筒睡在地上，能及早听到敌人的马蹄声，是因为大地传声比空气快，故D正确。

故选A。

【例题】"掩耳盗铃"是大家熟悉的成语故事。从物理学角度分析，盗贼所犯的错误是：既没有阻止声音的_____，又没有阻止声音的_____。

【解析】答案：产生；传播。盗贼的目的是在盗铃的时候不让别人听见，要达到目的，就需要不让铃响，也就是不让声音产生，没有做到；或者不让声音传播，传不到别人的耳朵中，他只是把自己的耳朵捂住了，没有达到目的。

第十一节　压强

◎考纲提要

一、固体压强、液体压强和大气压强的计算

二、压力和压强的关系

三、压强和流速的关系

四、阿基米德定律

◎考点梳理

一、压力与压强的区别和联系

项目	压力	压强
定义	垂直压在物体表面上的力	物体在单位面积上受到的压力
物理意义	物体表面所承受的使物体发生形变的作用力	比较压力的作用效果
公式	$F=pS$	$p=\dfrac{F}{S}$
单位	牛顿（N）	1帕斯卡（Pa）=1牛顿/米² （N/m²）
大小	有的情况下与物重有关，一般情况下与物重无关	不但跟压力的大小有关，而且跟受力面积的大小有关
液体对容器底部	$F=pS$	$p=\rho_{液}gh$ h：容器中某点到液面的竖直距离

二、液体的压强

1. 液体内部压强

液体内部向各个方向都有压强；在同一深度，向各方向的压强都相等。随着深度增加，液体的压强增大。液体的压强还与液体的密度有关，在深度相同时，液体的密度越大，压强越大。

液体压强的计算公式：$p=\rho g h$。其中，ρ是液体的密度，$g=9.8$ N/kg，h是液体的深度。

2. 连通器

上端开口，下端连通的容器叫作连通器。连通器的特点是：当连通器里的液体不流动时，各容器中的液面总保持在同一高度。常见的连通器的实例：涵洞、茶壶、锅炉水位计等。

三、大气压强

大气对浸在它里面的物体产生的压强叫作大气压强，简称大气压或气压。

大气压产生的原因是空气受重力的作用，空气又有流动性，因此向各个方向都有压强，在同一位置各个方向的大气压强相等。

首次准确测定大气压强值的实验是托里拆利实验。一标准大气压等于76 cm高水银柱产生的压强，约为1.01325×10^5 Pa。通过压强公式计算得$p=\rho_{水银}gh=13.6\times10^3$ kg/m³ $\times 9.8$ N/kg$\times 0.76$ m$=1.013\times10^5$ Pa。标准大气压强的值在一般计算中常取1.01×10^5

Pa，在粗略计算中还可以取作 $1×10^5$ Pa。

四、流体压强与流速的关系

气体、液体都具有流动性，因此被称作流体。在流体中，流速越大的地方压强越小。

例如飞机机翼上凸下平，导致上下两个表面的气体的流速不同，从而造成了上、下两个表面的压力不同，使机翼获得了向上的升力。同向航行的两舰之间要有一定的间隔，而不能靠得太近。列车高速行驶时，行人和车辆应该与之保持一定的距离。

五、阿基米德定律

浸入液体里的物体受到向上的浮力，浮力的大小等于它排开的液体受到的重力：

$$F_浮 = \rho_液 g V_排$$

◎典型例题

【例题】如图 1-23 所示，两长方体 A 和 B 叠放在水平地面上，A 受重力 10 N，B 受重力 30 N，已知 A 对 B 的压强与 B 对地面的压强之比为 3∶2，则 A 与 B 的底面积之比为_____。

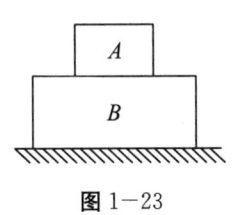

图 1-23

【解析】由题意 $p_A = \dfrac{G_A}{S_A} = \dfrac{10 \text{ N}}{S_A}$，$p_B = \dfrac{G_A + G_B}{S_B} = \dfrac{40 \text{ N}}{S_B}$

所以 $S_A : S_B = \dfrac{10}{p_A} : \dfrac{40}{p_B}$，将 $p_A : p_B = 3 : 2$ 代入得

$$S_A : S_B = 1 : 6$$

第十二节 质量与物质的密度

◎考纲提要

一、质量的定义
二、密度的计算与测量
三、密度知识的应用

◎考点梳理

一、质量

(1) 定义：物体所含物质的多少叫质量。物体的质量不随其形状、状态和位置的改变而改变。

(2) 单位：主单位是千克（kg），常用单位有克（g）、毫克（mg）、吨（t）。

1 t＝1000 kg　1 kg＝1000 g　1 g＝1000 mg

(3) 质量的测量：生活中用秤称物体的质量，实验室中用天平测物体的质量。

(4) 天平的使用：放平归零，横梁平衡，左物右砝，恢复平衡。

二、密度

(1) 定义：某种物质的质量与体积之比叫作这种物质的密度（比值定义法）。

(2) 公式：$\rho=\dfrac{m}{V}$。

(3) 单位：主单位 kg/m^3，常用单位 g/cm^3。换算关系：$1\ g/cm^3=10^3\ kg/m^3$。

(4) 理解密度：

①密度是物质的一种性质，与物质的质量、体积、形状无关。密度与物质的种类、压强、温度和状态有关。

②$\rho=\dfrac{m}{V}$ 只能用来计算密度，但是密度 ρ 与 m、V 无关，不能说 ρ 与 m 成正比。

③根据 $m=\rho V$，同一种物质的质量与它的体积成正比。

三、密度的测量

1. 测量盐水的密度

(1) 用天平称出烧杯和盐水的总质量 m_1；

(2) 把烧杯中的盐水倒入量筒中一部分，记下量筒中盐水的体积 V；

(3) 称出烧杯和杯中剩下的盐水的质量 m_2；

(4) 求出盐水的密度 $\rho=(m_1-m_2)/V$。

2. 测量小石块的密度

(1) 用调好的天平称出石块的质量 m；

(2) 在量筒内倒入适量的水，记下水的体积 V_1；

(3) 用细线拴好石块，慢慢放入量筒中，直到石块全部被水浸没，记下石块和水的总体积 V_2；

(4) 求出石块的密度 $\rho=m/(V_2-V_1)$。

四、密度与温度

(1) 温度能改变物质的密度。一般物体温度升高时，密度变小；温度降低，密度增大。
(2) 水的反常膨胀：4℃的水密度最大；水凝固成冰时体积变大，密度变小。

五、密度的应用

(1) 鉴别物质。
(2) 求质量（$m=\rho V$）。
(3) 求体积（$V=m/\rho$）。

◎典型例题

【例题】 如图1-24所示，当向烧杯中不断加入一定体积的某种液体时，得到质量和体积的关系图象，根据图象你可以获得哪些信息？

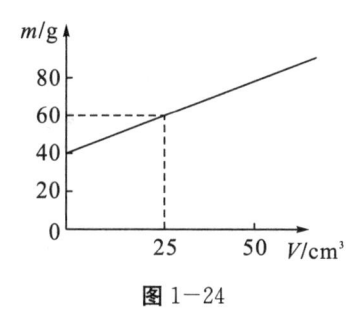

图1-24

① _____；
② _____。

【解析】 答案：①烧杯的质量是40 g；②该液体的密度是800 kg/m³。

分析：①由图象知，当液体体积为零，也就是烧杯中没有液体时，质量为40 g，所以烧杯的质量为40 g；②由图象知，当液体的体积为25 cm³时，液体和烧杯的总质量为60 g，所以液体的质量为 $m=m_总-m_0=60\text{ g}-40\text{ g}=20\text{ g}$。液体的密度为 $\rho=\dfrac{m}{V}=\dfrac{20\text{ g}}{25\text{ cm}^3}=0.8\text{ g/cm}^3=800\text{ kg/m}^3$。

第十三节　杠杆　滑轮

◎考纲提要

一、杠杆
二、定滑轮与动滑轮的特点

三、滑轮组的受力与运动

◎考点梳理

一、杠杆

在力的作用下绕着固定点转动的硬棒叫作杠杆。杠杆可直可曲，形状任意。可将杠杆假想转动一下，来帮助确定支点，如鱼竿、铁锹。

二、滑轮

滑轮定义：周边有槽，中心有一转动的轮子叫作滑轮。因为滑轮可以连续旋转，因此可看作是能够连续旋转的杠杆，仍可以用杠杆的平衡条件来分析。

根据使用情况不同，滑轮可分为定滑轮、动滑轮。

1. 定滑轮

中间的轴固定不动的滑轮。定滑轮的实质是等臂杠杆。使用定滑轮不能省力但是能改变动力的方向。

对理想的定滑轮（不计轮轴间摩擦）$F=G$，绳子自由端移动距离 s_F（或速度 v_F）= 重物移动的距离 s_G（或速度 v_G）。

2. 动滑轮

和重物一起移动的滑轮（可上下移动，也可左右移动）。动滑轮实质是动力臂为阻力臂二倍的杠杆，使用动滑轮能省一半的力，但不能改变力的方向。

三、滑轮组

滑轮组由若干个定滑轮和动滑轮匹配而成。滑轮组可以省力，也可以改变力的方向。

设滑轮组有 n 段绳子吊着物体，则提起物体所用的力 $F=\dfrac{1}{n}G_{物}$（条件：不计动滑轮、绳重和摩擦）。如果不忽略动滑轮的重量，则 $F=\dfrac{1}{n}(G_{物}+G_{滑})$。提起物体所用的力移动的距离为物体移动距离的 n 倍，即 $s=nh$，如图 1-25 所示。绳子端的速度与物体上升的速度关系：$v_{绳}=nv_{物}$。

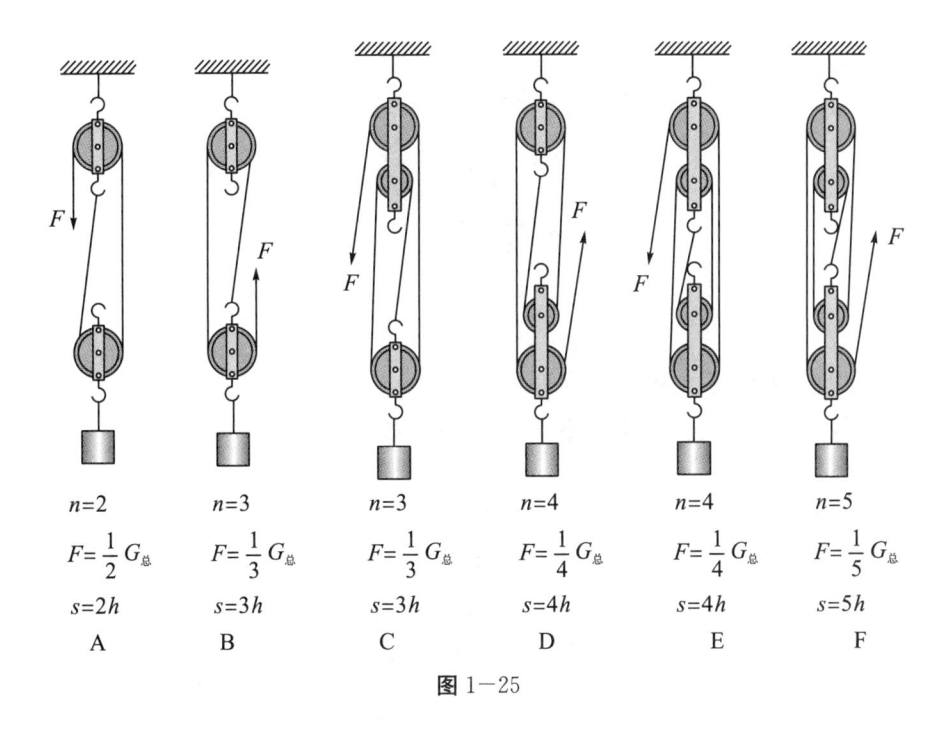

n=2	n=3	n=3	n=4	n=4	n=5
$F=\frac{1}{2}G_{总}$	$F=\frac{1}{3}G_{总}$	$F=\frac{1}{3}G_{总}$	$F=\frac{1}{4}G_{总}$	$F=\frac{1}{4}G_{总}$	$F=\frac{1}{5}G_{总}$
s=2h	s=3h	s=3h	s=4h	s=4h	s=5h
A	B	C	D	E	F

图 1-25

◎典型例题

【例题】 如图 1-26 所示，杠杆 OA 可绕支点 O 转动，B 处挂一重物 G，A 处用一竖直力 F。当杠杆和竖直墙之间夹角逐渐增大时，为了使杠杆平衡，则（ ）

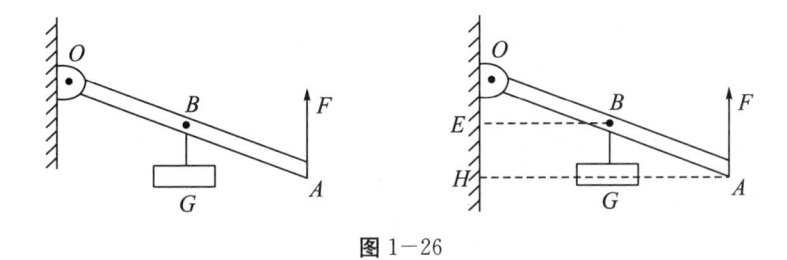

图 1-26

A. F 大小不变，但 F<G
B. F 大小不变，但 F>G
C. F 逐渐减小，但 F>G
D. F 逐渐增大，但 F<G

【解析】 选 A。过 A、B 分别作墙的垂线交墙于 H、E；因为 AH∥BE，所以 △AHO∽△BEO（当杠杆和竖直墙之间夹角逐渐增大时，始终一样）。由于 AH/BE = AO/BO 且 AO/BO 固定，所以 AH/BE 不变。又因为 G 恒定，故提升过程中 F 不变。由于 AH 始终大于 BE，故 F<G。

◎达标检测

"第一章 力学"达标检测

检测范围：牛顿运动定律

（时间：60分钟 满分：100分）

一、选择题（每小题4分，共40分）

1. 下列国际单位制中的单位，不属于基本单位的是（　　）
   A. 长度单位：m　　　　　　　　B. 质量单位：kg
   C. 力的单位：N　　　　　　　　D. 时间单位：s

2. 如图1-27所示，在一固定斜面上两个质量相同的小物块 A 和 B 紧挨着匀速下滑，A 与 B 的接触面光滑。已知 A 与斜面之间的动摩擦因数是 B 与斜面之间动摩擦因数的2倍，斜面倾角为 α，B 与斜面之间的动摩擦因数是（　　）

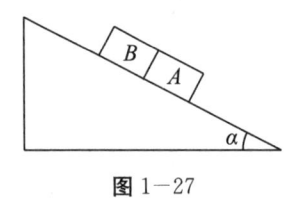

图1-27

A. $\dfrac{2}{3}\tan\alpha$　　　B. $\dfrac{2}{3}\cot\alpha$　　　C. $\tan\alpha$　　　D. $\cot\alpha$

3. 已知地球质量为 M，半径为 R，自转周期为 T，地球同步卫星质量为 m，引力常量为 G，有关同步卫星，下列表述正确的是（　　）

   A. 卫星距离地面的高度为 $\sqrt[3]{\dfrac{GMT^2}{4\pi^2}}$

   B. 卫星的运行速度小于第一宇宙速度

   C. 卫星运行时受到的向心力大小为 $G\dfrac{Mm}{R^2}$

   D. 卫星运行的向心加速度小于地球表面的重力加速度

4. "蹦极"就是跳跃者把一端固定的长弹性绳绑在身上，从几十米高处跳下的一种极限运动。某人做蹦极运动，所受绳子拉力 F 的大小随时间 t 变化的情况如图1-28所示。将蹦极过程近似为在竖直方向的运动，重力加速度为 g，据图1-28可知，此人在蹦极过程中最大加速度约为（　　）

图 1-28

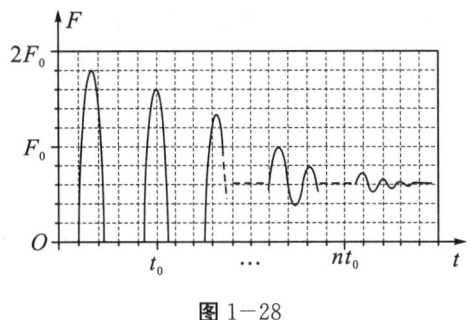

A. g B. $2g$ C. $3g$ D. $4g$

5. 下列说法正确的是（　　）

A. 行星的运动和地球上物体的运动遵循不同的运动规律

B. 物体在转弯时一定受到力的作用

C. 月球绕地球运动时受到地球的引力和向心力的作用

D. 物体在光滑斜面下滑时受到重力、斜面的支持力和下滑力的作用

6. 如图 1-29 所示，一足够长的木板静止在光滑水平面上，一物块静止在木板上，木板和物块间有摩擦。现用水平力向右拉木板，当物块相对木板滑动了一段距离但仍有相对运动时，撤掉拉力，此后木板和物块相对于水平面的运动情况为（　　）

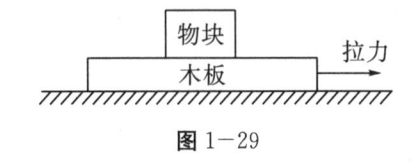

图 1-29

A. 物块先向左运动，再向右运动

B. 物块向右运动，速度逐渐增大，直到做匀速运动

C. 木板向右运动，速度逐渐变小，直到做匀速运动

D. 木板和物块的速度都逐渐变小，直到为零

7. 伽利略根据小球在斜面上运动的实验和理想实验，提出了惯性的概念，从而奠定了牛顿力学的基础。早期物理学家关于惯性有下列说法，其中正确的是（　　）

A. 物体抵抗运动状态变化的性质是惯性

B. 没有力作用，物体只能处于静止状态

C. 行星在圆周轨道上保持匀速率运动的性质是惯性

D. 运动物体如果没有受到力的作用，将继续以同一速度沿同一直线运动

8. 火车进站时，旅客必须站在安全黄线以内，这样做是因为（　　）

A. 火车对人体有吸引力

B. 火车经过时噪声大，会对人听力造成损伤

C. 火车附近的空气流速大，气流会将人用力推出

D. 火车附近的空气流速大，气压差可能将旅客压向火车

9. 小明利用图 1-30 所示的装置探究滑轮组的特点，他将重为 3 N 的物体匀速提高了 0.5 m，已知绳子自由端的拉力 F 为 2 N，则绳端移动的距离 s 及提起重物时滑轮组的机械效率是（　　）

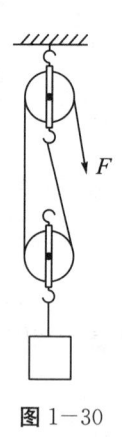

图 1-30

A. $s=1.5$ m，$\eta=50\%$ B. $s=1.5$ m，$\eta=80\%$

C. $s=1$ m，$\eta=75\%$ D. $s=1$ m，$\eta=37.5\%$

10. 已知质点的位置矢量为 $\boldsymbol{r}=(a\cos\omega t)\boldsymbol{i}+(b\sin\omega t)\boldsymbol{j}$，质点的轨迹方程为（　　）

A. $\dfrac{x^2}{a^2}+\dfrac{y^2}{b^2}=1$ B. $y=\dfrac{b}{a}x$

C. $ax^2+by^2=1$ D. $y=\dfrac{a}{b}x$

二、填空题（每小题 4 分，共 20 分）

1. 某同学利用螺旋测微器测量一金属板的厚度。该螺旋测微器校零时的示数如图 1-31（a）所示，测量金属板厚度时的示数如图 1-31（b）所示。图 1-31（a）所示读数为_____ mm，图 1-31（b）所示读数为_____ mm，所测金属板的厚度为_____ mm。

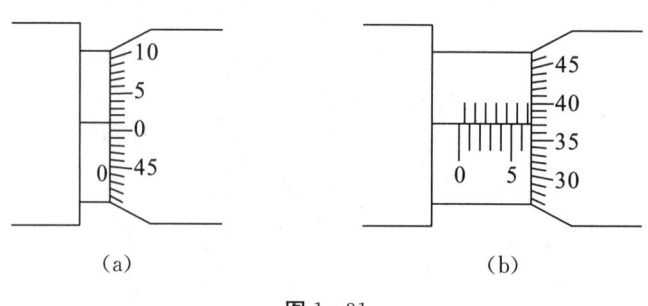

图 1-31

2. 如图 1-32 所示，细线的一端系一质量为 m 的小球，另一端固定在倾角为 θ 的光滑斜面体顶端，细线与斜面平行。在斜面体以加速度 a 水平向右做匀加速直线运动的过程中，小球始终静止在斜面上，小球受到细线的拉力 F_T 和斜面的支持力为 F_N 分别为__

_____ 和 _____。

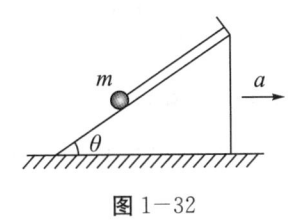

图 1-32

3. 如图 1-33 所示，两木块 A、B 的质量分别为 m_1 和 m_2，两轻质弹簧的劲度系数分别为 k_1 和 k_2，两弹簧分别连接 A、B，整个系统处于平衡状态。现缓慢向上提木块 A，直到下面的弹簧对地面的压力恰好为零，在此过程中 A 和 B 的重力势能共增加了_____。

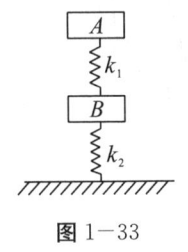

图 1-33

4. 小明来到铁山坪森林公园的登山步道登山，看见水平地面上有石墩，已知该石墩重 900 N，底面积为 0.3 m²，则石墩对地面的压强是_____ Pa。他继续向云岭广场登山，以他自己为参照物，石墩是_____（选填"静止"或"运动"）的。

5. 已知某物体的位置矢量为 $\boldsymbol{r} = 3t\boldsymbol{i} + t^2\boldsymbol{j}$，则该物体的速度为_____。

三、计算题（每小题 10 分，共 40 分）

1. 一个质量为 $m = 40$ kg 的小孩站在电梯内的体重计上。电梯从 $t = 0$ 时刻由静止开始上升，在 0 到 6 s 内体重计的示数 F 的变化如图 1-34 所示。试问：在这段时间内电梯上升的高度是多少？（取重力加速度 $g = 10$ m/s²）

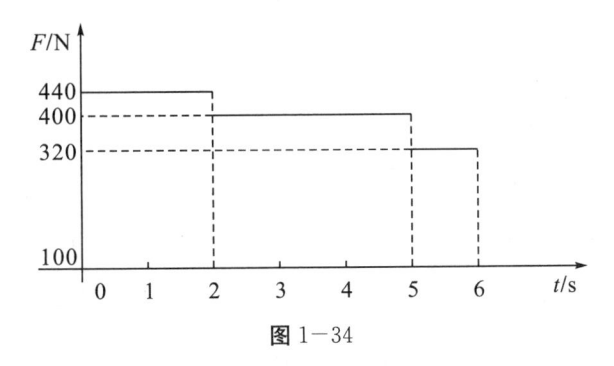

图 1-34

2. 倾斜雪道的长为 25 m，顶端高为 15 m，下端经过一小段圆弧过渡后与很长的水平雪道相接，如图 1-35 所示。一滑雪运动员在倾斜雪道的顶端以水平速度 $v_0 = 8$ m/s 飞出，在落到倾斜雪道上时，运动员靠改变姿势进行缓冲使自己只保留沿斜面的分速度而不弹起。除缓冲过程外运动员可视为质点，过渡圆弧光滑，其长度可忽略。设滑雪板与雪道的动摩擦因数 $\mu=0.2$，求运动员在水平雪道上滑行的距离。（取 $g=10 \text{ m/s}^2$）

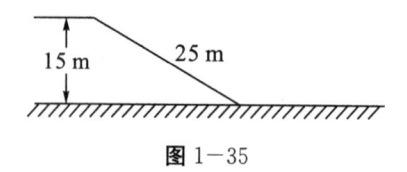

图 1-35

3. 一个质量为 0.8 kg，边长为 0.1 m 的正方体物块，放置在水平地面上，g 取 10 N/kg。

（1）求物块重力的大小；

（2）求物块对地面的压强；

（3）若将物块放入水中，求物块静止时排开水的体积。

4. 电动车以其轻便、实用、环保的优点，深受人们的喜爱。已知一辆电动车的质量为 40 kg，速度最大可达 36 km/h。该电动车每次充电，能储存电能 3×10^6 J，其中有 72% 的电能可以转化为机械能。假设该电动车一直行驶在平直路面上，当它以最大速度匀速行驶时，受到的阻力为 30 N。

（1）该电动车以最大速度匀速行驶时，电动车牵引力的功率为多大？

（2）该电动车充一次电，以最大速度匀速行驶，最多可连续行驶多久？

◎达标检测参考答案

一、选择题（每小题 4 分，共 40 分）

1. 答案 C。在国际单位制中，力学基本单位有三个，分别是米、千克、秒，而牛顿为导出单位，故选 C。

2. 答案 A。设 B 对斜面之间的动摩擦因素为 μ，A 和 B 质量均为 m，A 和 B 紧挨着斜面上匀速下滑的过程中，A 和 B 组成的系统处于平衡态，即有：$3\mu mg\cos\alpha = 2mg\sin\alpha$。所以，$\mu=\dfrac{2}{3}\tan\alpha$。

3. 答案 BD。根据 $G\dfrac{Mm}{(R+H)^2}=m\left(\dfrac{2\pi}{T}\right)^2(R+H)$，A 错；由 $G\dfrac{Mm}{(R+H)^2}=m\dfrac{v^2}{R+H}$，B 正确；由 $G\dfrac{Mm}{(R+H)^2}=ma_n<mg$，C 错 D 对。

4. 答案 B。求加速度必须先进行受力分析，人受到向下的重力和向上的弹力，读图可知向上的最大加速度为 $a=\dfrac{1.8F_0-mg}{m}$，向下的加速度最大为 g。从图上还可以读出，最后绳子的弹力稳定为 $0.6F_0$，这就是重力的大小，所以向上的最大加速度 $a=\dfrac{1.8F_0-mg}{m}=2g$。

5. 答案 B。行星的运动和地球上物体的运动都属于经典力学范畴，应该遵循相同的规律，A错。物体在转弯时的运动是曲线运动，即变速运动，因此有加速度，合外力不能为零，B正确。月球绕地球运动时受到的地球引力提供了向心力，而不是同时受这两个力的作用，C错。物体在光滑斜面下滑时只受重力和斜面的支持力，"下滑力"只是对重力沿斜面的分力的说法，D错。

6. 答案 BC。对于物块，由于运动过程中与木板存在相对滑动，且始终相对木板向左运动，因此木板对物块的摩擦力向右，所以物块相对地面向右运动，且速度不断增大，直至相对静止而做匀速直线运动，A错误，B正确；对于木板，由作用力与反作用力可知受到物块给它的向左的摩擦力作用，则木板的速度不断减小，直到二者相对静止而做匀速直线运动，C正确；由于水平面光滑，所以不会停止，D错误。

7. 答案 AD。物体的惯性，就是使物体保持运动状态不改变的性质，也就是抵抗运动状态的改变，A对；没有力的作用，物体将保持运动状态不变，即速度不变，可能静止也可能匀速直线运动，B错；行星在圆周上保持匀速率圆周运动是变速运动，时刻具有指向圆心的加速度，是由于中心天体的万有引力作用，C错；运动物体如果没有受到力的作用，将做匀速直线运动，D对。

8. 答案 D。当列车驶进站台时，会带动人和车之间的空气流动速度加快，此时人外侧的空气流动速度慢，根据流体压强与流速的关系可知：人外侧空气流速慢压强大，而内侧流速快压强小，会产生一个向内侧的压强差，将人推向火车，易出现危险，故选 D。

9. 答案 C。(1) 由图 1-30 可知，本题中使用了滑轮组，滑轮组用两段绳子吊着物体，绳子自由端移动的距离是重物升高距离的两倍：$s=2h=1$ m。

(2) 滑轮组的机械效率：

$$\eta = \frac{W_{有用}}{W_{总}} = \frac{Gh}{Fs} = \frac{Gh}{F2h} = \frac{G}{2F} = \frac{3\text{ N}}{2\times 2\text{ N}} \times 100\% = 75\%$$

10. 答案 A。把 $x=a\cos\omega t$ 和 $y=b\sin\omega t$ 联立，消去时间 t 即得轨迹方程 $\frac{x^2}{a^2}+\frac{y^2}{b^2}=1$。

二、填空题（每小题 4 分，共 20 分）

1. 考查螺旋测微器的读数：0.010　6.870　6.860

2. 根据牛顿运动定律有：

水平：$F_T\cos\theta - F_N\sin\theta = ma$

竖直：$F_T\sin\theta + F_N\cos\theta - mg = 0$

联立得：$F_T = m(g\sin\theta + a\cos\theta)$，$F_N = m(g\cos\theta - a\sin\theta)$

3. 取 A、B 以及它们之间的弹簧组成的整体为研究对象，则当下面的弹簧对地面的压力为零时，向上提 A 的力 F 恰好为：$F=(m_1+m_2)g$。设这一过程中上面和下面的弹簧分别伸长 x_1、x_2，由胡克定律得：

$$x_1 = \frac{(m_1+m_2)g}{k_1}, \quad x_2 = \frac{(m_1+m_2)g}{k_2}$$

故 A、B 增加的重力势能共为：

$$\Delta E_p = m_1 g(x_1 + x_2) + m_2 g x_2$$
$$= \frac{(m_1+m_2)^2 g^2}{k_2} + \frac{m_1(m_1+m_2)g^2}{k_1}$$

4. （1）物体对地面的压力 $F = G = 900$ N，物体对地面的压强 $p = \dfrac{F}{S} = \dfrac{900 \text{ N}}{0.3 \text{ m}^2} = 3 \times 10^3$ Pa；

（2）在小明继续向云岭广场登山的过程中，他们之间的位置变化了，以小明自己为参照物，石墩是运动的。

5. 位置矢量对时间求微分等于速度，$\boldsymbol{v} = \dfrac{\mathrm{d}\boldsymbol{r}}{\mathrm{d}t} = 3\boldsymbol{i} + 2t\boldsymbol{j}$。

三、计算题（每小题 10 分，共 40 分）

1. 解析：因为 $m = 40$ kg，所以重力 $G = mg = 400$ N

由图 1－34 可知，在 0～2 s 内，体重计示数为 $N_1 = 440$ N

由牛顿第二定律 $N - mg = ma_1$

解得 $a_1 = 1$ m/s²

电梯上升的高度

$$h_1 = \frac{1}{2} a_1 t^2 = 2 \text{ m}$$

在 2～5 s 内，体重计的示数为 $N_2 = 400$ N

$$N_2 - mg = ma_2 = 0$$

此时，小孩匀速上升：$v_2 = v_1 = a_1 t_1 = 2$ m/s。电梯上升的高度

$$h_2 = v_2 t_2 = 6 \text{ m}$$

在 5－6 s 内，体重计的示数为 $N_3 = 320$ N

$$mg - N_3 = ma_3$$

此时，小孩做匀减速上升：$a_3 = 2$ m/s²。电梯上升的高度

$$h_3 = v_2 t_3 - \frac{1}{2} a_3 t_3^2 = 1 \text{ m}$$

故上升的总高度 $h = h_1 + h_2 + h_3$

$$= 2 \text{ m} + 6 \text{ m} + 1 \text{ m} = 9 \text{ m}$$

2. 解析：

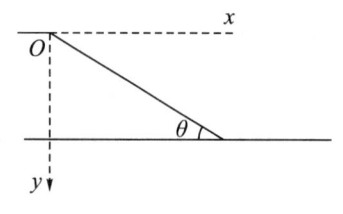

图 1－36

如图 1-36 所示，建立坐标，斜面的方程为

$$y = x\tan\theta = \frac{3}{4}x \quad \cdots\cdots\cdots ①$$

运动员飞出后做平抛运动

$$x = v_0 t \quad \cdots\cdots\cdots ②$$

$$y = \frac{1}{2}gt^2 \quad \cdots\cdots\cdots ③$$

联立①②③式，得飞行时间 $t = 1.2$ s
落点的 x 坐标 $x_1 = v_0 t = 9.6$ m
落点距地面的高度 $h_1 = (L - s_1)\sin\theta = 7.8$ m
接触斜面前的 x 方向速度 $v_x = 8$ m/s
y 方向速度 $v_y = gt = 12$ m/s
沿斜面的速度大小为 $v_\parallel = v_x\cos\theta + v_y\sin\theta = 13.6$ m/s
设运动员在水平雪道上运动的距离为 s_2，由功能关系得

$$mgh_1 + \frac{1}{2}mv_\parallel^2 = \mu mg\cos\theta(L - s_1) + \mu mgs_2$$

解得 $s_2 = 74.8$ m。

3. 解析：由已知质量 $m = 0.8$ kg，边长 $a = 0.1$ m，$g = 10$ N/kg，于是
(1) 物体的重力 $G = mg = 0.8$ kg×10 N/kg = 8 N。
(2) 物体对地面的压力 $F = G = 8$ N
物体与水平地面的接触面积 $S = a^2 = (0.1 \text{ m})^2 = 0.01 \text{ m}^2$
物块对地面的压强

$$p = \frac{8 \text{ N}}{0.01 \text{ m}^2} = 800 \text{ Pa}$$

(3) 物体的体积 $V = a^3 = (0.1 \text{ m})^3 = 0.001 \text{ m}^3$
物体的密度 $\rho = \dfrac{0.8 \text{ kg}}{0.001 \text{ m}^3} = 0.8 \times 10^3 \text{ kg/m}^3 < 1 \times 10^3 \text{ kg/m}^3$
因为物体密度小于水的密度，所以物体在水中处于漂浮状态，$F_{浮} = G = 8$ N。又 $F_{浮} = \rho_水 g V_排$，故物块静止时排开水的体积

$$V_排 = \frac{F_{浮}}{\rho_水 g} = \frac{8 \text{ N}}{1 \times 10^3 \text{ kg/m}^3 \times 10 \text{ N/kg}} = 8 \times 10^{-4} \text{ m}^3$$

4. 解析：(1) 电动车的最大速度为 $v = 36$ km/h = 10 m/s
电动车发动机牵引力的功率 $P = F_牵 v = F_f v = 30$ N×10 m/s = 300 W。

（2）$W_{机} = W_{电} \times 72\% = 3 \times 10^6$ J $\times 72\% = 2.16 \times 10^6$ J

又由 $W_{机} = Fs = Fvt$ 可得 2.16×10^6 J $= 30$ N $\times 10$ m/s $\times t$

所以 $t = 7.2 \times 10^3$ s $= 2$ h。

第二章 电磁学

第一节 真空中的静电场

◎**考纲提要**

一、掌握库仑定律的概念,并会利用库仑定律进行静电力和场强的计算
二、掌握电场、电场强度和电场线的概念
三、理解和掌握电场强度通量(电通量)的概念
四、理解和掌握高斯定理,并能熟练应用高斯定理计算电通量和求解对称性电场的电场强度
五、理解电势能、电势和电势差的概念,并会计算电势和电势差

◎**考点梳理**

一、库仑定律

1. 电荷与电荷守恒定律

(1) 自然界中只存在两种电荷,同种电荷相排斥,异种电荷相吸引。美国物理学家富兰克林首先称其为正电荷和负电荷。

(2) 电荷守恒定律:电荷既不能凭空产生,也不能凭空消失,只能由一个物体转移到另一个物体,或者从物体的一部分转移到另一部分。或表述为:在一个与外界没有电荷交换的系统内,正负电荷的代数和在任何物理过程中始终保持不变。

(3) 元电荷(基本电荷)与电荷量子化:元电荷也叫电荷量子,它就是一个电子所带的电荷,用 e 表示,且 $e=1.602\times10^{-19}$ 库仑,最早由美国物理学家密立根实验测定。实验证明,所有带电体的电量是元电荷 e 的整数倍,称为电荷量子化。

2. 点电荷模型与库仑定律

(1) 点电荷模型:带电体的形状、大小对相互作用力的影响可以忽略不计,或者形状、大小以及电荷分布情况可忽略的带电体称为点电荷。

若带电体的大小和形状不能忽略，可将带电体分成许多小块，称为电荷元，用 dq 表示，则整个带电体可视为大量电荷元 dq 连续分布的集合体，即 $q = \int dq$，电荷体分布：$q = \int \rho dV$。电荷面分布：$q = \int_S \sigma dS$；电荷线分布：$q = \int_l \lambda dl$。其中电荷体密度 $\rho = \lim_{\Delta V \to 0} \frac{\Delta q}{\Delta V} = \frac{dq}{dV}$，电荷面密度 $\sigma = \lim_{\Delta S \to 0} \frac{\Delta q}{\Delta S} = \frac{dq}{dS}$，电荷线密度 $\lambda = \lim_{\Delta l \to 0} \frac{\Delta q}{\Delta l} = \frac{dq}{dl}$。一般情况下，电荷密度不一定是恒量，当带电体的电荷均匀分布且不随时间而变时才是恒量。

(2) 库仑定律：真空中，两个静止点电荷之间的相互作用力的大小与它们的电量 q_1 和 q_2 的乘积成正比，与它们之间的距离的平方成反比，作用力的方向沿着它们的连线，同号电荷相斥，异号电荷相吸。空气常近似为真空。1785 年法国科学家库仑扭秤实验总结出了此定律，其数学表述为

$$F = k\frac{q_1 q_2}{r^2}$$

式中，k 为静电力常量，$k = 9 \times 10^9 \, \text{N} \cdot \text{m}^2/\text{C}^2$。国际单位制中，常取 $k = \frac{1}{4\pi\varepsilon_0}$，$\varepsilon_0$ 称为真空中的介电常数（真空电容率），$\varepsilon_0 = 8.9 \times 10^{-12} \, \text{C}^2/\text{N} \cdot \text{m}^2$。库仑定律表述为

$$F = \frac{1}{4\pi\varepsilon_0} \cdot \frac{q_1 q_2}{r^2}$$

库仑定律的矢量形式：$\boldsymbol{F}_{12} = \frac{q_1 q_2}{4\pi\varepsilon_0 r^2} \boldsymbol{e}_{r12}$ 和 $\boldsymbol{F}_{21} = \frac{q_1 q_2}{4\pi\varepsilon_0 r^2} \boldsymbol{e}_{r21}$。$\boldsymbol{F}_{12}$ 表示点电荷 1 对 2 的作用力，作用在 2 上；$\boldsymbol{e}_{r12}$ 表示由点电荷 1 指向 2 的单位矢量。$\boldsymbol{F}_{21}$ 表示点电荷 2 对 1 的作用力，作用在 1 上；$\boldsymbol{e}_{r21}$ 表示由点电荷 2 指向 1 的单位矢量。显然 $\boldsymbol{e}_{r12} = -\boldsymbol{e}_{r21}$。

3. 电场强度

(1) 电场强度的概念：在任意电荷体系中放入一试探电荷 q_0，此电荷受的力记为 $\boldsymbol{F}$，则比值 $\boldsymbol{F}/q_0$ 与 q_0 的大小无关系，只与电荷体系有关。因此可引入电场强度来描述电荷体系空间的性质，并将比值 $\boldsymbol{F}/q_0$ 定义为电场强度。

(2) 试探电荷满足的条件：①线度充分小：试探电荷可视为点电荷，以便能够确定场中每一点的性质。②带电量充分小：可忽略其对原有电场分布的影响。③试探电荷无正负之分：正负电荷均可作为试探电荷。

(3) 点电荷的场强：真空中有一点电荷 Q，距 Q 为 r 处的 P 点引入一试探电荷 q，则 q 受力为 $\boldsymbol{F} = \frac{Qq}{4\pi\varepsilon_0 r^2} \boldsymbol{e}_r$，点电荷 Q 激发的场强为 $\boldsymbol{E} = \frac{\boldsymbol{F}}{q} = \frac{Q}{4\pi\varepsilon_0 r^2} \boldsymbol{e}_r$。

(4) 场强的叠加原理与点电荷系的场强：若一电荷系统由 n 个点电荷组成，则该场强由 n 个点电荷 $q_1, q_2, \cdots, q_n$ 共同激发。点电荷系在空间任一点所激发的总场强等于各个点电荷单独存在时在该点各自激发的场强的矢量和，这就是场强叠加原理，即：

$$E = \frac{F}{q_0} = \frac{F_1}{q_0} + \frac{F_2}{q_0} + \frac{F_3}{q_0} + \cdots + \frac{F_n}{q_0} = E_1 + E_2 + E_3 + \cdots + E_n = \sum_{i=1}^{n} E_i$$

（5）场源电荷连续分布时的电场强度

任意连续带电体可视为许多极小的电荷元 $\mathrm{d}q$ 的集合，将每一个电荷元 $\mathrm{d}q$ 视为点电荷，其产生的场强为：$\mathrm{d}E = \frac{1}{4\pi\varepsilon_0}\frac{\mathrm{d}q}{r^2}e_r$（$e_r$ 是从 $\mathrm{d}q$ 所在点到 P 点的矢径的单位矢量）。

由叠加原理得总场强：$E = \int \frac{1}{4\pi\varepsilon_0}\frac{\mathrm{d}q}{r^2}e_r = \frac{1}{4\pi\varepsilon_0}\int \frac{\mathrm{d}q}{r^2}e_r$（矢量积分）。

电荷体分布：$E = \frac{1}{4\pi\varepsilon_0}\iiint_V \frac{\rho \mathrm{d}V}{r^2}e_r$。电荷面分布：$E = \frac{1}{4\pi\varepsilon_0}\iint_S \frac{\sigma \mathrm{d}S}{r^2}e_r$。电荷线分布：$E = \frac{1}{4\pi\varepsilon_0}\int_l \frac{\lambda \mathrm{d}l}{r^2}e_r$。

二、高斯定理

1. 电场线

（1）电场线的概念：为便于形象地描述电场的分布，人为地在电场中绘制的一些曲线。电场线疏密程度反映了场强大小，曲线上每一点的切线方向是该点的场强方向，这样的曲线称为电场线。

（2）电场线的性质：电场线始于正电荷（或无穷远处），终止于负电荷（或无穷远处）；任意两条电场线不相交；电场线不形成闭合曲线。

2. 电通量

（1）定义：在静电场中，通过面积 S 的电通量等效为垂直通过面积 S 的电场线的条数。

（2）电通量的数学表述：电场强度 E 对某个面的通量叫 E（电）通量，$\mathrm{d}\Phi_E = E \cdot \mathrm{d}S = E\cos\alpha \mathrm{d}S$，$\alpha$ 为 E 与面元 $\mathrm{d}S$ 间的夹角。

对闭曲面：$\Phi_E = \oint_S E \cdot \mathrm{d}S$。对开曲面：$\Phi_E = \int_S E \cdot \mathrm{d}S$。

3. 高斯定理

（1）定义：真空中的静电场内，场强 E 通过任意闭合曲面的 E 通量等于该闭合曲面所包围的所有电荷量的代数和除以 ε_0，数学表达式为：

$$\oint_S E \cdot \mathrm{d}S = \frac{q}{\varepsilon_0} \quad \text{或} \quad \oint_S E \cdot \mathrm{d}S = \frac{1}{\varepsilon_0}\iiint_V \rho \mathrm{d}V$$

补充说明：① 闭合曲面外的电荷对闭合曲面的电通量 Φ_E 无贡献。② 场强 E 是封闭曲面 S 上各点的场强，它是由封闭曲面内、外所有电荷共同激发的合场强。③ 通过任一封闭曲面的总通量 Φ_E 仅与面内包围的净电荷量有关，与面外的电荷无关。④ 当 $\Phi_E > 0$ 时，有净电场线穿出曲面；当 $\Phi_E < 0$ 时，有净电场线穿入曲面。⑤ 高斯面必须是闭合

的，但对高斯面的形状无任何要求。

（2）利用高斯定理求电通量。

知识应用1：如图2-1所示，将q_2从A移到B，点P电场强度是否变化？穿过高斯面S的Φ_E有否变化？

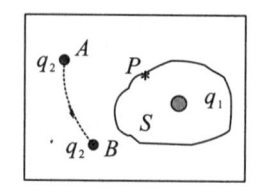

图2-1

分析：q_2从A移到B，电荷与P点的位置发生了变化，由点电荷的场强公式可知，点P的电场强度发生了变化。由高斯定理可知，穿过高斯面S的Φ_E只与闭合面S内的电荷的代数和有关，q_2从A移到B，S内电荷的代数和没有发生变化，故穿过高斯面S的Φ_E没有发生变化。

知识应用2：在点电荷$+q$和$-q$的静电场中，做如图2-2所示的三个闭合面S_1、S_2、S_3，求通过各闭合面的电通量。

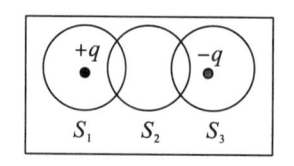

图2-2

分析：由高斯定理可知，$\Phi_{e1} = \oint_{S_1} \boldsymbol{E} \cdot \mathrm{d}\boldsymbol{S} = q/\varepsilon_0$，$\Phi_{e2}=0$，$\Phi_{e3}=-q/\varepsilon_0$。

（3）利用高斯定理求解电场强度。

利用高斯定理求解静电场分布的一般步骤：进行电场分布的对称性分析，根据电场分布的对称性选择合适的高斯面，应用高斯定理进行计算。

三、电势

1. 静电场的环路定理

在静电场中，场强沿任意闭合路径的线积分等于零，即$\oint_C \boldsymbol{E} \cdot \mathrm{d}\boldsymbol{l} = 0$，此结论称作静电场的环路定理。静电场的环路定理说明，试探电荷在静电场中移动时，电场力所做的功只与试探电荷的大小以及路径的起点和终点位置有关，与路径无关。这说明，静电场是保守场，静电力是保守力。

2. 电势能

对于保守力场，可引入势能的概念。在静电场中可引入电势能的概念。设W_A和W_B

分别为试探电荷 q_0 在起点 A 和终点 B 处的电势能,保守力做功等于势能增量的负值,即

$$A_{AB} = \int_A^B dA = q_0 \int_A^B \boldsymbol{E} \cdot d\boldsymbol{l} = -(W_B - W_A)$$

若规定 $W_\infty = 0$（无穷远处的静电势能为零），则电荷 q_0 在静电场中 A 点的静电势能为 $W_A = A_{A\infty} = q_0 \int_A^\infty \boldsymbol{E} \cdot d\boldsymbol{l}$。

3. 电势

单位试探电荷在静电场中某点处所具有的电势能,称为电势;数值上等于单位正电荷由该点移动到无穷远处（电势零点）电场力所做的功,其数学表达式为 $V_A = \dfrac{W_A}{q_0} = \int_A^\infty \boldsymbol{E} \cdot d\boldsymbol{l}$。沿着电场线方向,电势逐渐降低。注意：电势能和电势都是相对的,都必须选定零电势能（零电势）点。

(1) 点电荷的电势：选无穷远处的电势为零,则距点电荷 q 为 r 处的 p 点的电势为 $V_p = \dfrac{W_p}{q_0} = \int_p^\infty \boldsymbol{E} \cdot d\boldsymbol{l} = \dfrac{q}{4\pi\varepsilon_0 r}$。

(2) 电势叠加原理：若电场由 n 个点电荷 q_1, q_2, $\cdots$, q_n 所激发,则某点 p 的电势为 $V_p = \int \boldsymbol{E} \cdot d\boldsymbol{l} = \sum\limits_{i=1}^n V_{pi} = \sum\limits_{i=1}^n \dfrac{q_i}{4\pi\varepsilon_0 r_i}$, r_i 为 p 点距 q_i 的距离。上式表明：在点电荷系的静电场中,某点的电势等于每一个点电荷单独在该点所激发的电势的代数和。这就是电势叠加原理。

(3) 连续分布电荷电场中的电势：若静电场是由电荷连续分布的带电体所激发的,可将带电体视为许多电荷元 dq 的集合。dq 较小,视为点电荷,其在点 p 的电势为 $dV_p = \dfrac{dq}{4\pi\varepsilon_0 r}$。由电势叠加原理可得 p 点的电势为 $V_p = \sum\limits_{i=1}^n \dfrac{q_i}{4\pi\varepsilon_0 r_i} = \int \dfrac{dq}{4\pi\varepsilon_0 r}$,其中 r 为 dq 到 p 点的距离。

◎ **典型例题**

【例题】Ox 坐标轴上有 A、B 两点,如图 2-3 所示,将点电荷 Q 置于轴上的某点,先后分别将试探电荷 $+q_a$ 放于 A 点,$-q_b$ 放于 B 点,测得试探电荷受力大小与所带电量的关系分别如图 2-4 所示中直线 a、b 所示,方向均与 x 轴的正方形相同。关于点电荷 Q,下列判断正确的是(　　)

图 2-3

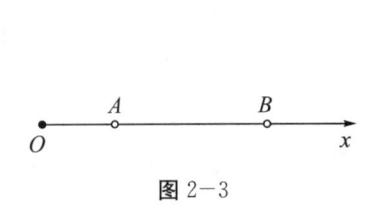

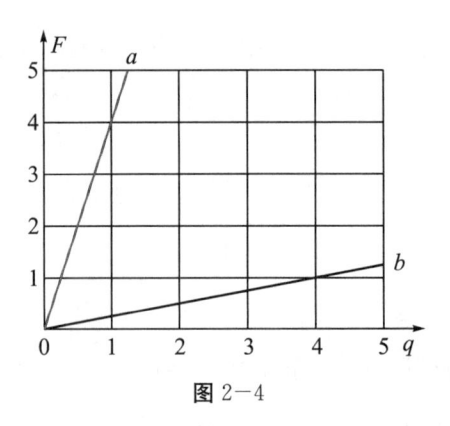

图 2-4

A. 带负电，位置在 OA 之间且靠近 O 点
B. 带正电，位置在 OA 之间且靠近 A 点
C. 带负电，位置在 AB 之间且靠近 A 点
D. 带正电，位置在 AB 之间且靠近 O 点

【解析】 由库仑定律 $F = \dfrac{q_1 q_2}{4\pi\varepsilon_0 r^2} e_r$，根据图 2-4 中 a、b 曲线的正斜率，判断出 $+q_a$ 和 $-q_b$ 受力方向均沿 x 轴正方向，说明点电荷带负电，在 AB 之间，同时由于受力与 r^2 成反比，因此位置靠近 A，所以选 C。

【例题】 如图 2-5 所示，半径为 b 的圆状导体均匀带电，在垂直于环平面的轴线上有两点 P_1、P_2，P_1、P_2 到环心距离分别为 b 和 $2b$，设无限远处电势为零，P_1、P_2 的电势分别为 φ_1 和 φ_2，则 $\dfrac{\varphi_1}{\varphi_2}$ 为（　　）

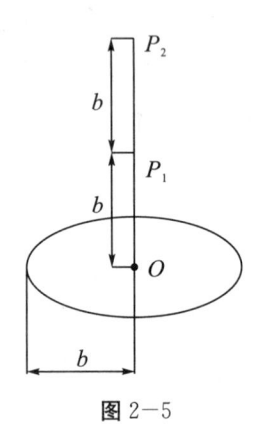

图 2-5

A. 3   B. $\dfrac{5}{2}$ C. 2   D. $\sqrt{\dfrac{5}{2}}$

【解析】 本题考查圆环轴线上一点的电势 $\varphi = \dfrac{q}{4\pi\varepsilon_0 \sqrt{b^2+x^2}}$，分别代入 $x=b$ 和 $x=2b$，所以选 D。

【例题】 如图 2-6 所示，将水平匀强电场中质量可忽略的带电小球 M 和 N，分别沿

图示路径移动到同一水平线上的不同位置后,同时释放,M 和 N 均保持静止,则( )

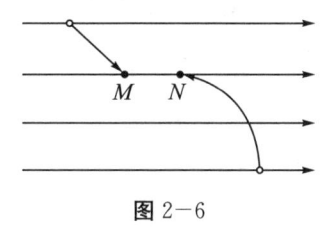

图 2-6

A. M 的带电量比 N 大
B. M 带正电荷,N 带负电荷
C. 移动过程中匀强电场对 M 做负功
D. 移动过程中匀强电场对 N 做正功

【解析】根据 M 和 N 均保持静止可知,M 带负电,N 带正电,同时带相等电荷量。移动过程中 M 是负电荷朝着电场线方向,做负功;N 是正电荷朝着电场线反向,做负功。故选 C。

第二节 有导体时的静电场

◎考纲提要

一、理解静电平衡的概念,掌握静电平衡的特征
二、掌握串联、并联电路电阻和电容的基本特征

◎考点梳理

一、静电平衡

(1) 静电平衡状态:带电体系中的电荷静止不动,电场的分布不随时间而改变的状态,称为静电平衡状态。

(2) 导体的静电平衡的必要条件:导体内的场强处处为零。

(3) 导体静电平衡的性质:导体是等势体,其表面是等势面;导体内部没有净电荷,电荷只能分布在导体表面;在导体外,紧靠导体表面的点的场强方向与导体表面垂直,场强大小与导体表面对应点的电荷面密度成正比,即导体表面 $E=\dfrac{\sigma}{\varepsilon_0}$ 或 $\boldsymbol{E}=\dfrac{\sigma}{\varepsilon_0}\boldsymbol{e}_n$。

二、电容器的电容

(1) 平行板电容器的电容:$C=\dfrac{q}{U_{AB}}=\varepsilon_0\dfrac{S}{d}$,其中 S 为极板面积,d 为极板间距。

(2) 圆柱形电容器的电容：$C = \dfrac{2\pi\varepsilon_0 l}{\ln R_B/R_A}$，其中 l 为电容器的长度，R_A 和 R_B（$R_A < R_B$）为内外半径，且 $l \gg (R_B - R_A)$。圆柱形电容器单位长度的电容为 $C_l = \dfrac{2\pi\varepsilon_0}{\ln R_B/R_A}$。

(3) 球形电容器的电容：$C = 4\pi\varepsilon_0 \dfrac{R_A R_B}{R_B - R_A}$，其中 R_A 和 R_B 为内外半径。

三、串联电容器

每个电容器的一个极板只与另一个电容器的一个极板连接，把电源接到这个电容器组合的两端上，这种接法称为串联。图 2-7 表示 n 电容器的串联。

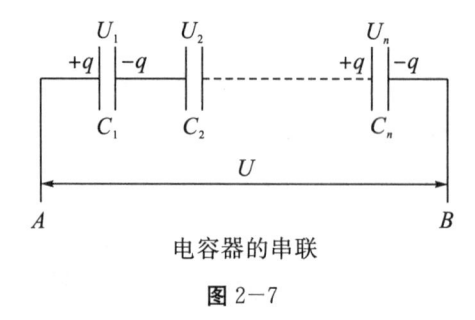

电容器的串联

图 2-7

基本特点：

(1) $C_1 = \dfrac{q_1}{U_1}$，$C_2 = \dfrac{q_2}{U_2}$，$\cdots$，$C_n = \dfrac{q_n}{U_n}$

(2) $U = U_1 + U_2 + \cdots + U_n$

(3) $q = q_1 = q_2 = \cdots = q_n$

(4) $\dfrac{1}{C} = \dfrac{U}{q} = \dfrac{U_1 + U_2 + \cdots + U_n}{q} = \sum\limits_{i=1}^{n} \dfrac{1}{C_i}$

结论：串联电容器时，总电容的倒数等于每个电容器的电容的倒数之和。串联后总电容小于任一分电容。

四、并联电容器

每个电容器有一个极板接到共同点 A，而另一个极板则接到另一个共同点 B，这种接法称为并联，如图 2-8 所示。

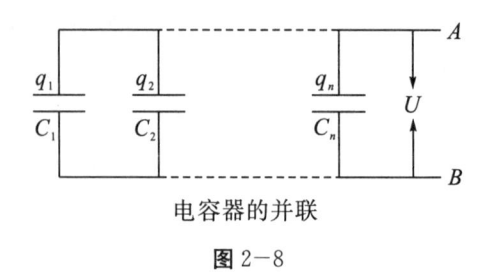

电容器的并联

图 2-8

基本特点：

(1) $U=U_1=U_2=\cdots=U_n$

(2) $q=q_1+q_2+\cdots+q_n$

(3) $C=\dfrac{q}{U}=\dfrac{q_1+q_2+\cdots+q_n}{U}=\sum\limits_{i=1}^{n}C_i$

结论：并联电容器时，总电容等于每个电容器的电容之和。并联后总电容增大了。

◎ 典型例题

【例题】如图 2-9 所示为研究影响平行板电容器电容因素的实验装置，设两个极板正对面积为 S，极板间的距离为 d，静电计指针偏角为 θ。实验中，极板所带的电荷几乎不变，则下列说法正确的是( )

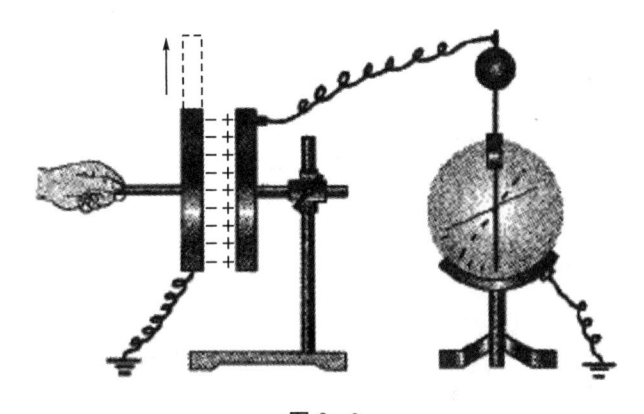

图 2-9

A. 保持 S 不变，增大 d，则 θ 变大
B. 保持 S 不变，增大 d，则 θ 变小
C. 保持 d 不变，减小 S，则 θ 变小
D. 保持 d 不变，减小 S，则 θ 不变

【解析】根据平行板电容器电容公式 $C=\dfrac{\varepsilon_0 S}{d}=\dfrac{Q}{U}$，$\theta$ 可直接反映电势差 U 的大小。保持 S 不变，增大 d，则 θ 变大；保持 d 不变，减小 S，则 θ 变大。故选 A。

【例题】球形电容器由两个同心的球壳导体 A、B 组成，如图 2-10 所示，导体 A、B 的半径分别为 R_A 和 R_B，且 $R_A<R_B$，导体 A、B 在真空中分别带有电荷量 $+q$ 和 $-q$，求：

(1) 导体 A、B 之间的电场强度；
(2) 该电容器的电容。

图 2-10

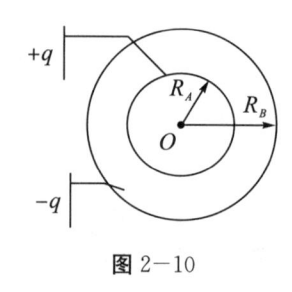

【解析】(1) 根据高斯定理 $\oint_S \boldsymbol{E} \cdot \mathrm{d}\boldsymbol{S} = \dfrac{Q}{\varepsilon_0}$ 求得 $\boldsymbol{E} = \dfrac{q}{4\pi\varepsilon_0 r^2}\boldsymbol{e_r}$。

(2) 两极板间电势差 $U = \int_{R_A}^{R_B} \boldsymbol{E} \cdot \mathrm{d}\boldsymbol{r} = \dfrac{1}{4\pi\varepsilon_0}\left(\dfrac{1}{R_A} - \dfrac{1}{R_B}\right)$，则该电容器电容 $C = \dfrac{Q}{U} = \dfrac{4\pi\varepsilon_0}{\left(\dfrac{1}{R_A} - \dfrac{1}{R_B}\right)}$。

第三节　恒定电流的磁场

◎考纲提要

一、理解磁感应线和磁感应强度的概念

二、知道磁通量的概念，并会计算

三、掌握安培环路定理，并会计算磁感应强度

四、理解安培力和洛伦兹力，并能利用公式进行计算

◎考点梳理

一、磁现象的基本概念

1. 磁现象的本质

一切磁现象的根源是电流，物质的磁性来源于分子电流——安培分子电流假说。

2. 磁场的基本特性

处于磁场中的磁体、电流和运动电荷均受磁场力的作用。

3. 磁场

在运动电荷（或电流）周围空间存在的一种特殊形式的物质，称为磁场。在引入磁场概念后，所有的相互作用都是通过磁场来进行传递的。

4. 磁感应强度

表示磁强弱和方向的物理量称为磁感应强度，方向为放在该点的小磁针平衡时 N 极

的指向（也是该点的磁场方向）。

5. 磁感应线

与电场线类似，假想磁场中存在一系列带方向的曲线，规定曲线上每一点切线方向表示该点磁感强度的方向，曲线的疏密程度表示该点磁感强度的大小。磁感应线的特点：①任意两条磁感线不会相交；②是一组无头、无尾的闭合曲线；③载流导体的磁感线是围绕电流的闭合曲线；④磁感线回转方向与电流之间遵从右手螺旋定则。

6. 磁通量

磁场中通过某给定曲面的总磁感应线数目，称为通过该曲面的磁通量，用 Φ 表示。

7. 磁场的高斯定理

由于磁感应线是闭合曲线，因此穿入闭合曲面的磁感应线数必然等于穿出闭合曲面的磁感应线数，所以通过任一闭合曲面的总磁通量必然为零，即

$$\oiint_S \boldsymbol{B} \cdot d\boldsymbol{S} = 0 \text{（磁场的高斯定理）}$$

物理意义：通过任意闭合曲面的磁通量必等于零（故磁场是无源的）。磁场是涡旋式的场，磁感应线是无头无尾的闭合的曲线。

二、磁感应强度的计算

1. 安培环路定理

（1）定理的表述：磁感应强度 $\boldsymbol{B}$ 沿任意闭合环路 L 的线积分（环流）等于穿过这个环路的所有电流强度的代数和的 μ_0 倍，即

$$\oint_L \boldsymbol{B} \cdot d\boldsymbol{l} = \mu_0 \sum I \ (L \text{ 为任意闭合曲线})$$

说明：

① 符号规定：电流方向与 L 的环绕方向服从右手关系的 I 为正，否则为负。

② 安培环路定理只适用于（任一形状）闭合回路，或无限长电流；对某一小段载流导线不成立，需用毕奥－萨伐尔定律求解。

③ $\boldsymbol{B}$ 的环流与电流分布有关，但路径上 $\boldsymbol{B}$ 仍是闭合路径内外电流的合贡献。

④ 物理意义：$\boldsymbol{B}$ 环流不为零，磁场是非保守场，不能引入势能。

分别对如图 2-11 所示的实例进行分析。

（a）（b）（c）

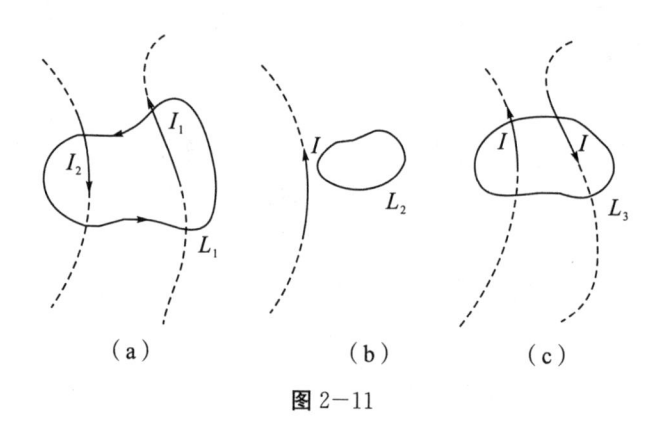

图 2-11

(a) $\int_{L_1} \boldsymbol{B} \cdot \mathrm{d}\boldsymbol{l} = \mu_0(I_1 - I_2)$

(b) $\int_{L_2} \boldsymbol{B} \cdot \mathrm{d}\boldsymbol{l} = 0$

(c) $\int_{L_3} \boldsymbol{B} \cdot \mathrm{d}\boldsymbol{l} = \mu_0(I - I) = 0$

（2）安培环路定理解题步骤：当电流分布具有对称性时，利用安培环路定理更为方便。①分析磁场的对称性：根据电流的分布来分析。②过场点选取合适的闭合积分路径。③选好积分回路的取向，确定回路内电流的正负。④由安培环路定理求出 B。

【例题】长直圆柱形载流导线内外的磁场的分布。

【解析】如图 2-12 所示，设圆柱截面半径为 R，恒定电流 I 沿轴线方向流动，并呈轴对称分布。当考查场点到导线的距离比场点到导线两端的距离小得多时，载流导线可视为无限长。

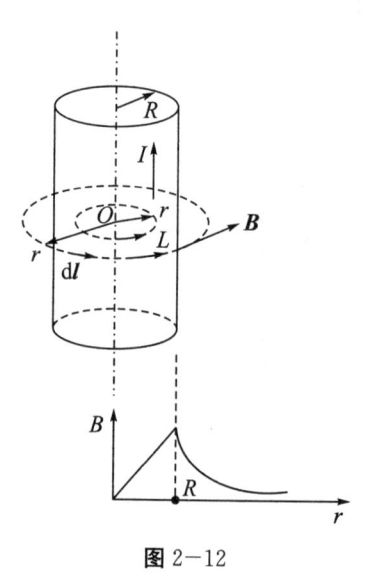

图 2-12

由于磁场具有轴对称性，过点作一半径为 r 的圆形积分路径，线上任一点的 $\boldsymbol{B}$ 具有相等的数值，方向与该点 $\mathrm{d}\boldsymbol{l}$ 一致，故 $\boldsymbol{B}$ 的环流为

$$\oint_C \boldsymbol{B} \cdot \mathrm{d}\boldsymbol{l} = \oint_C B\mathrm{d}l = B2\pi r$$

(1) 当 $r>R$ 时（P 点），全部电流通过积分路径，由安培环路定理可得

$$\oint_C \boldsymbol{B} \cdot \mathrm{d}\boldsymbol{l} = B2\pi r = \mu_0 I$$

即

$$B = \frac{\mu_0 I}{2\pi r}$$

可见，长圆柱形载流导线外的磁场与长直载流导线激发的磁场相同。

(2) 当 $0<r<R$ 时，若电流 I 均匀分布于导线表面，即积分路径内无电流通过，则由安培定理可知，导线内部 $B=0$。若电流 I 均匀分布于导线截面上，则穿过积分路径的电流为 $\frac{I}{\pi R^2}\pi r^2 = \frac{r^2}{R^2}I$，由安培环路定理可得

$$\oint_C \boldsymbol{B} \cdot \mathrm{d}\boldsymbol{l} = B2\pi r = \mu_0 \frac{r^2}{R^2} I$$

即导线内部的磁感应强度为

$$B = \frac{\mu_0 r I}{2\pi R^2}$$

可见，在圆柱形导线内部，磁感应强度和离轴线的距离成正比。

三、洛伦兹力与安培力

1. 洛伦兹力

实验表明：运动电荷 q 在磁场中受力 $\boldsymbol{F}$ 与其速度 $\boldsymbol{v}$ 以及磁感应强度 $\boldsymbol{B}$ 有如下关系：

$$\boldsymbol{F} = q\boldsymbol{v} \times \boldsymbol{B} \quad (q \text{ 为代数量}) \text{——洛伦兹力}$$

方向：$\boldsymbol{F}$ 与 $\boldsymbol{v}$ 和 $\boldsymbol{B}$ 构成的平面垂直，并满足右手法则。

大小：$F = |\boldsymbol{F}| = |q|vB\sin\theta$。

因为 $\boldsymbol{F} \perp \boldsymbol{v}$，因此洛伦兹力对运动电荷不做功，只改变运动电荷的速度方向，而不改变速度的大小（速率）以及动能。

◎**典型例题**

【例题】如图 2-13 所示，有两个半径相同的圆形回路 L_1、L_2，P_1、P_2 为两圆形回路 L_1、L_2 上对应的点。在闭合回路中有电流 I_1、I_2。它们在回路中的位置相同。若在 L_2 回路外有电流 I_3，则（　　）

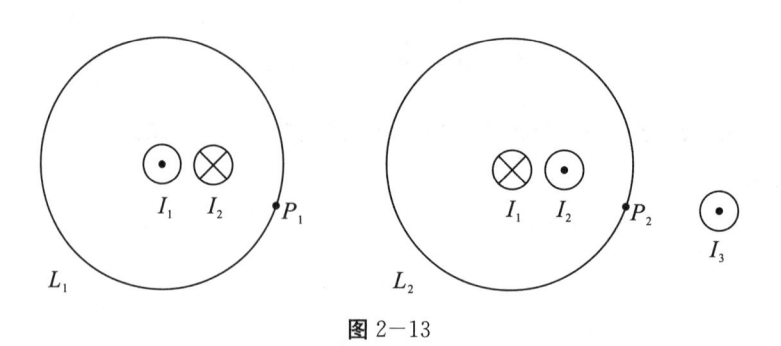

A. $\int_{L_1} \boldsymbol{B} \cdot \mathrm{d}l = \int_{L_2} \boldsymbol{B} \cdot \mathrm{d}l, B_{P_1} = B_{P_2}$

B. $\int_{L_1} \boldsymbol{B} \cdot \mathrm{d}l \neq \int_{L_2} \boldsymbol{B} \cdot \mathrm{d}l, B_{P_1} = B_{P_2}$

C. $\int_{L_1} \boldsymbol{B} \cdot \mathrm{d}l = \int_{L_2} \boldsymbol{B} \cdot \mathrm{d}l, B_{P_1} \neq B_{P_2}$

D. $\int_{L_1} \boldsymbol{B} \cdot \mathrm{d}l \neq \int_{L_2} \boldsymbol{B} \cdot \mathrm{d}l, B_{P_1} \neq B_{P_2}$

【解析】本题主要考查安培环路定理的理解，磁感应强度 B 为所有磁场产生，而只有环路内部的电流对磁感应强度的环流有贡献，故选 C。

【例题】如图 2-14 所示，一个薄的半径为 R 的无限长半圆柱面导体，沿长度方向的电流 I 在柱面上均匀分布。求半圆柱面导体在其轴线上的磁感应强度。

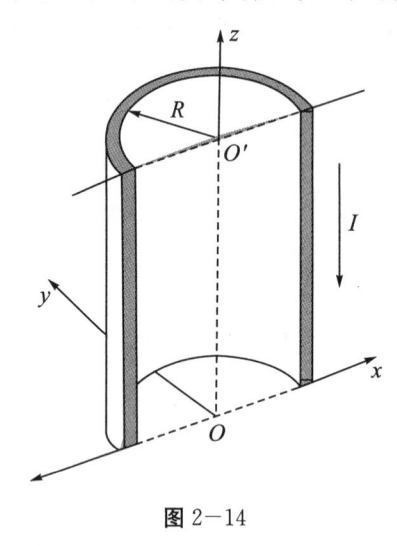

图 2-14

【解析】将半圆柱层的导线分解成无数份宽度为 $\mathrm{d}l$ 的导线，取其中一份，其电流 $\mathrm{d}I = \frac{I}{\pi R}\mathrm{d}l$，由安培环路定理 $\oint_C \boldsymbol{B} \cdot \mathrm{d}l = \mu_0 I$ 可知，$\mathrm{d}I$ 产生的磁感应强度 $\mathrm{d}B = \frac{\mu_0 \mathrm{d}I}{2\pi R} = \frac{\mu_0 I}{2\pi^2 R^2}\mathrm{d}l = \frac{\mu_0 I}{2\pi^2 R^2}R\mathrm{d}\theta$，由于合磁感应强度方向沿 y 轴方向，$\mathrm{d}B_y = \frac{\mu_0 I}{2\pi^2 R}\sin\theta \mathrm{d}\theta$，则磁感应强度 $B_y = \oint \mathrm{d}B_y = \frac{\mu_0 I}{2\pi^2 R}(-\cos\theta)\Big|_0^\pi = \frac{\mu_0 I}{\pi^2 R}$。

【例题】如图 2-15 所示，一个半径为 r 的半球面放在一磁感应强度为 $\boldsymbol{B}$ 的磁场中，$\boldsymbol{n}$ 为半球截面法线的单位矢量，磁感应强度 $\boldsymbol{B}$ 的方向与 $\boldsymbol{n}$ 的夹角为 α，则通过半球面的磁通量为（　　）

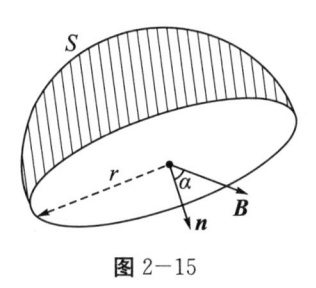

图 2-15

A. $2\pi r^2 B$　　　B. $\pi r^2 B$　　　C. $2\pi r^2 B\cos\alpha$　　　D. $\pi r^2 B\cos\alpha$

【解析】根据磁感应强度 $\boldsymbol{B}$ 的高斯定理 $\oint_S \boldsymbol{B} \cdot \mathrm{d}\boldsymbol{S} = 0$ 可知，$\oint_S \boldsymbol{B} \cdot \mathrm{d}\boldsymbol{S} = \int_{S_{半球}} \boldsymbol{B} \cdot \mathrm{d}\boldsymbol{S} + \int_{S_{底}} \boldsymbol{B} \cdot \mathrm{d}\boldsymbol{S} = 0$，所以通过半球面的磁通量与通过半球底面的磁通量大小相等，故选 D。

【例题】一载有电流 I 的长圆柱形直导线（磁导率为 μ_0），半径为 a，电流 I 均匀分布。如图 2-16 所示为导线纵截面的一部分，其中 $ABCD$ 是一个长方形，AB 边与轴线重合，CD 边在导线的外表面上，CD 长 l。试求通过长方形 $ABCD$ 的磁通量。

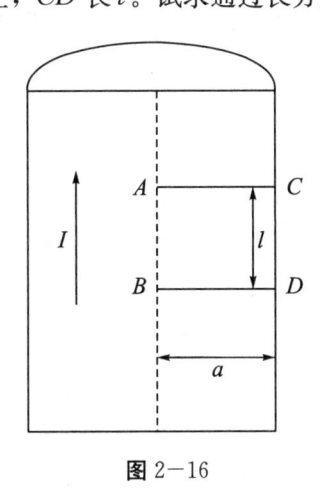

图 2-16

【解析】根据安培环路定理 $\oint \boldsymbol{B} \cdot \mathrm{d}\boldsymbol{l} = \mu_0 I$，导线上距离轴心为 r 处的磁感应强度 $B = \dfrac{\mu_0 I}{2\pi r}\dfrac{\pi r^2}{\pi a^2} = \dfrac{\mu_0 I r}{2\pi a^2}$，右侧磁感应强度方向垂直纸面向里，在导线上距离轴心为 r 处宽为 $\mathrm{d}r$ 的小面积元的磁通量为 $\int_S \boldsymbol{B} \cdot \mathrm{d}\boldsymbol{S} = \int_0^a \dfrac{\mu_0 I r}{2\pi a^2} l \, \mathrm{d}r = \dfrac{\mu_0 I l}{4\pi}$。

第四节　电磁感应

◎**考纲提要**

一、理解磁通量变化与磁通量的变化率的区别
二、理解法拉第电磁感应定律

◎**考点梳理**

一、电磁感应现象

1. 电磁感应现象的定义

不论采用什么方法，只要使通过导体回路所包围面积的磁通量发生变化，则回路中便有电流产生，这种电流称为感应电流，对应的现象称为电磁感应现象。

2. 产生感应电流的方法

(1) 磁场不变，导体回路或回路的一部分相对于磁场运动。
(2) 导体回路不动，回路周围的磁场发生变化。
(3) 闭合回路和磁场同时发生变化。

3. 电磁感应现象的本质

闭合电路中要有持续的电流，则回路中必然要有电动势存在。在这里，磁通量变化，在回路中产生了感应电流，则回路中必有电动势。这种直接由电磁感应产生的电动势叫作感应电动势。

在任何电磁感应现象中，不管什么原因，只要穿过回路的磁通量发生变化，就一定要产生感应电动势。故电磁感应现象的本质是在导体中产生了感应电动势，而不是感应电流。

二、法拉第的电磁感应定律

导体回路中的感应电动势 ε 的大小与穿过该回路的磁通量 Φ 的变化率成正比，即

$$\varepsilon = k\frac{\mathrm{d}\Phi}{\mathrm{d}t} \text{（法拉第电磁感应定律）} k \text{ 为比例常数}$$

说明：①ε 的大小取决于 Φ 的变化率（而非 Φ 本身）；②ε 的方向由楞次定律确定；③在国际单位制中，实验测得 $k=1$，即

$$\varepsilon = \frac{\mathrm{d}\Phi}{\mathrm{d}t} \text{（法拉第电磁感应定律的国际制形式）}$$

三、动生电动势

电磁感应定律说明，只要穿过闭合回路的磁通量发生变化就会产生感应电动势。但磁通变化的原因有所不同，据此将电磁感应现象中产生的电动势分为两大类：①动生电动势：B 不变，闭合回路有变化（S 变）。②感生电动势：B 变，闭合回路不动，S 不变。

动生电动势计算方法如下。

1. 对闭合回路

用 $\varepsilon = -\dfrac{d\Phi}{dt}$，找 Φ 及其变化，即可得 ε 大小及方向。

2. 非闭合回路

(1) 可设想一回路，再用 $\varepsilon = -\dfrac{d\Phi}{dt}$ 求，但设想的回路不能改变其原来的宏观的效果。

(2) 可直接用 $\varepsilon_{ab} = \int_a^b \boldsymbol{v} \times \boldsymbol{B} \cdot d\boldsymbol{l}$；若 $\varepsilon_{ab} > 0$，则 ε 方向由 $a \to b$，b 端电势高于 a 端。

四、自感与互感

1. 自感现象的定义与自感电动势

由于回路中的电流发生变化，而在回路本身产生感生电动势的现象，称为自感现象。所产生的感应电动势称为自感电动势。

2. 自感现象

(1) 接通开关：灯泡 B_1 立刻就亮，灯泡 B_2 逐渐变亮（自感电动势阻碍电流的增加）。如图 2-17（a）所示。

(2) 断开开关：灯泡 B 先猛然一亮，后逐渐熄灭（自感电动势阻碍电流的减小），如图 2-17（b）所示。

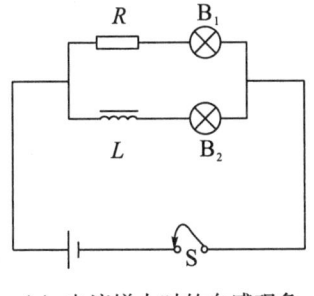

(a) 电流增大时的自感现象　　(b) 电流减小时的自感现象

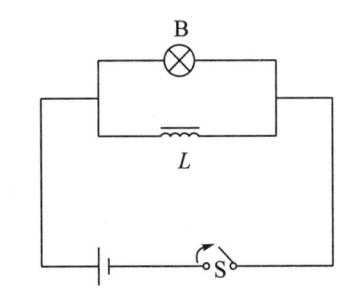

图 2-17

◎典型例题

【例题】如图 2-18 所示，在宽度为 d 的无磁场区域的左右两侧，存在磁感应强度大小相同、方向垂直纸面向外的磁场。边长 $l=2d$ 的正方形金属线框 $efgh$ 置于左侧区域，线框平面法线方向与磁场平行，对角线 fh 与磁场边界平行。现使线框以速度 v 垂直于磁场边界从图示位置向右匀速运动，在整个线框穿越无磁场区域的全过程中，线框中感应电流的方向（　　）

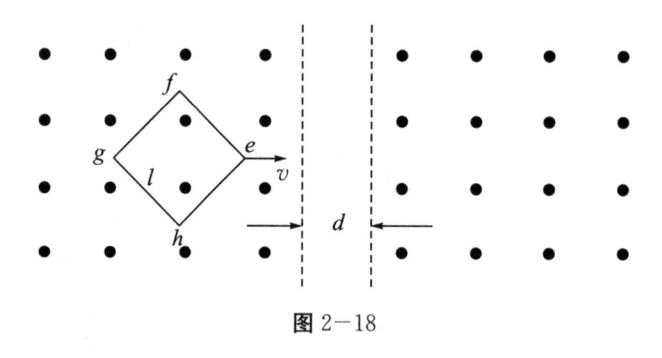

图 2-18

A. 始终为顺时针方向
B. 始终为逆时针方向
C. 先为逆时针方向，后为顺时针方向
D. 先为顺时针方向，后为逆时针方向

【解析】磁通量 $\Phi = \int \boldsymbol{B} \cdot \mathrm{d}\boldsymbol{S}$，由楞次定律可知，线圈经过无磁场区域过程中，磁通量先变大后变小，线框中感应电流会阻碍磁通量变化，故选 C。

【例题】某电阻中通有随时间变化的电流 i，按每经过 24 s 减小一半的规律变化，初始时刻电流为 I_0，如图 2-19 所示，该电流的表达式为（　　）

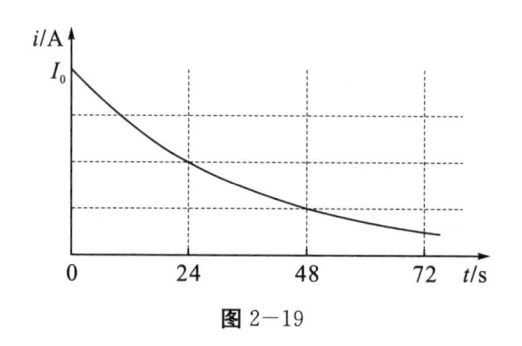

图 2-19

A. $i=i_0\mathrm{e}^{-\frac{1}{24}t}$　　　　B. $i=i_0\mathrm{e}^{-\frac{24}{\ln2}t}$　　　　C. $i=i_0\mathrm{e}^{\frac{1}{24}t}$　　　　D. $i=i_0\mathrm{e}^{-\frac{\ln2}{24}t}$

【解析】本题可转化为数学问题，$\dfrac{i}{i_0}$ 成对数衰减，可得 $kt=\ln\dfrac{i}{i_0}=-\ln\dfrac{i_0}{I}$，解得 $k=-\dfrac{\ln2}{24}$，故选 D。

【例题】如图 2-20 所示，在以 O 为圆心、半径为 R 的虚线圆内有垂直纸面向里的匀强磁场，磁感应强度 B 随时间变化关系为 $B=B_0+kt$（k 为常数）。在磁场外有一以 O 为圆心、半径为 $2R$ 的半圆形导线，则该半圆形导线中的感应电动势大小为（　　）

图 2-20

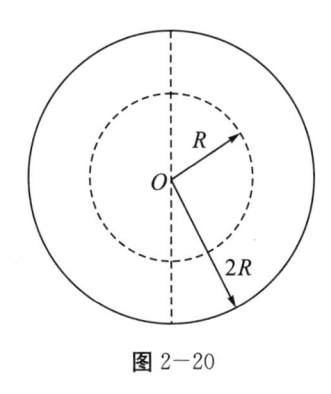

A. 0　　　　　　B. $k\pi R^2$　　　　　　C. $\dfrac{k\pi R^2}{2}$　　　　　　D. $2k\pi R^2$

【解析】根据法拉第电磁感应定律 $\varepsilon = -\dfrac{d\Phi}{dt} = -\dfrac{d}{dt}\int \boldsymbol{B} \cdot d\boldsymbol{S} = -\int \dfrac{\partial \boldsymbol{B}}{\partial t} \cdot d\boldsymbol{S}$，感生电动势积分面积为线圈包围磁场区域，故选 C。

【例题】如图 2-21 所示，水平面上固定有一距离为 l 的平行、光滑长直导轨，其上放有质量为 m 的金属杆，导轨的一端连接电阻 R，磁感应强度为 B 的匀强磁场垂直地通过导轨平面，当金属杆以初速度 v_0，且始终保持与导轨垂直地向右运动时，用微积分的方法求：

(1) 金属杆能够运动的距离 x；
(2) 该过程中电流通过电阻所做的功。

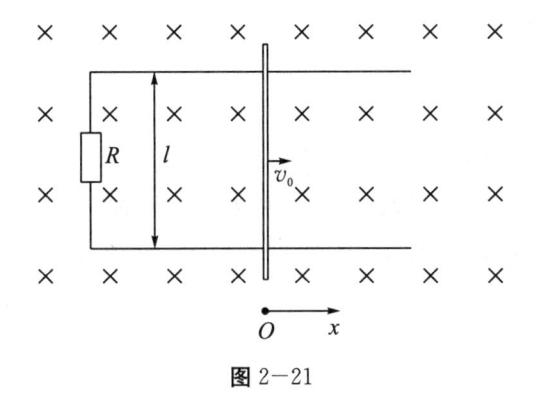

图 2-21

【解析】(1) $\varepsilon = \int (\boldsymbol{v} \times \boldsymbol{B}) \cdot d\boldsymbol{l} = Blv$，电流 $I = \dfrac{\varepsilon}{R}$，

由 $d\boldsymbol{F} = I d\boldsymbol{l} \times \boldsymbol{B}$ 求得 $F = -BIl$，则加速度 $a = \dfrac{F}{m} = -\dfrac{B^2 l^2 v}{Rm}$，

由 $a = \dfrac{dv}{dt} = \dfrac{dv}{dx}\dfrac{dx}{dt} = v\dfrac{dv}{dx}$ 得 $dx = \dfrac{v}{a}dv = -\dfrac{Rm}{B^2 l^2}dv$

解得 $x = \int dx = \int_{v_0}^{0} -\dfrac{Rm}{B^2 l^2}dv = \dfrac{Rmv}{B^2 l^2}$。

(2) 电流做功 $dW = -Fdx = -madx = -mv\dfrac{dv}{dx}dx = -mvdv$，

$$W = \int_{v_0}^{0} dW = \frac{1}{2}mv_0^2。$$

◎达标检测

"第二章 电磁学"达标检测

检测范围：静电场、电磁感应等

（时间：60分钟 满分：50分）

一、选择题（每小题5分，共35分）

1. 某电场的电场线局部分布如图2-22所示，右侧电场线稀疏，左侧电场线密集，所有电场线均互相平行，下列说法正确的是（　　）

图2-22

A. 该电场是静电场
B. 该电场既可以是静电场，也可以是感生电场
C. 该电场是感生电场
D. 该电场既不可能是静电场，也不可能是感生电场

2. 如图2-23所示，六根"无限长"导线在同一平面内交叉且相互绝缘，每根导线中通过的电流均为I，区域1、2、3和4为四个相同的正方形，请问哪个区域指向纸面向外的磁通量最大？（　　）

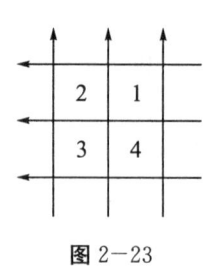

图2-23

A. 区域1　　　B. 区域2　　　C. 区域3　　　D. 区域4

3. 图2-24中有两个半径相同的球壳表面S_1和S_2，P_1和P_2分别为S_1和S_2表面上相同位置的两个点，在球壳内部相同位置均有电荷量分别为Q_1和Q_2的两个点电荷，在S_2外部还有另外一个点电荷Q_3，E为电场强度，则（　　）

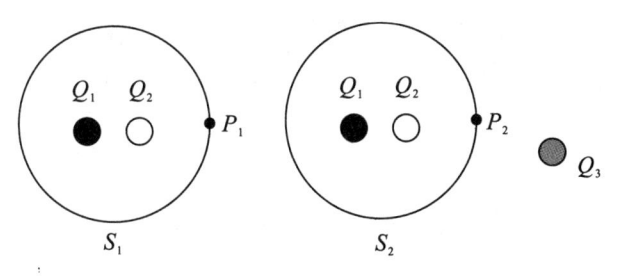

图 2-24

A. $\oint_{S_1} \boldsymbol{E} \cdot \mathrm{d}\boldsymbol{S} = \oint_{S_2} \boldsymbol{E} \cdot \mathrm{d}\boldsymbol{S}, E_{P_1} = E_{P_2}$

B. $\oint_{S_1} \boldsymbol{E} \cdot \mathrm{d}\boldsymbol{S} \neq \oint_{S_2} \boldsymbol{E} \cdot \mathrm{d}\boldsymbol{S}, E_{P_1} = E_{P_2}$

C. $\oint_{S_1} \boldsymbol{E} \cdot \mathrm{d}\boldsymbol{S} = \oint_{S_2} \boldsymbol{E} \cdot \mathrm{d}\boldsymbol{S}, E_{P_1} \neq E_{P_2}$

D. $\oint_{S_1} \boldsymbol{E} \cdot \mathrm{d}\boldsymbol{S} \neq \oint_{S_2} \boldsymbol{E} \cdot \mathrm{d}\boldsymbol{S}, E_{P_1} \neq E_{P_2}$

4. 如图 2-25 所示，MN 为一点电荷 Q_1 产生的电场中的一条电场线，另一个带电的粒子 Q_2（不计重力）在电场中沿虚线从 a 运动到 b，下列说法正确的是（　　）

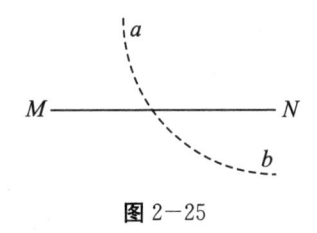

图 2-25

A. 若 Q_1 和 Q_2 均带正电，则 Q_1 位于 N 点右侧
B. 若 Q_1 和 Q_2 均带负电，则 Q_1 位于 N 点右侧
C. 若 Q_1 带正电，Q_2 带负电，则 Q_1 位于 N 点右侧
C. 若 Q_1 带负电，Q_2 带正电，则 Q_1 位于 M 点左侧

5. 在一个平面内，有两条垂直交叉但相互绝缘的导线，流过每条导线的电流相等，方向如图 2-26 所示，请问哪些区域可能存在磁感应强度为 0 的点？（　　）

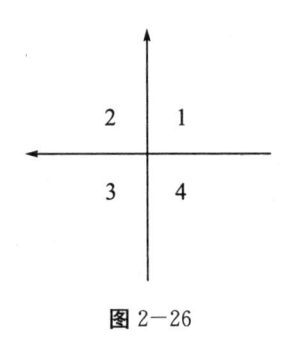

图 2-26

A. 区域 1　　　B. 区域 2　　　C. 区域 1 和 3　　　D. 区域 2 和 4

6. 如图 2-27 所示，匀强磁场中放置有固定的 abc 金属框架，金属棒 ef 匀速向右平移，框架和棒所用材料、横截面积均相同，摩擦阻力忽略不计，在 ef 脱离框架前，保持不变的物理量是（　　）

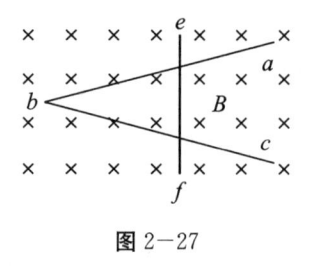

图 2-27

A. 电路中的感应电流　　　　　　　B. 电路中的磁通量
C. ef 棒所受的拉力　　　　　　　　D. 电路中的感应电动势

7. 如图 2-28 所示，长直导线通有电流 I，另有一个圆形线圈与其共面，那么下列哪种情况下，线圈中会出现顺时针方向的感应电流？（　　）

图 2-28

A. 线圈向左运动　　　　　　　　　B. 线圈向右运动
C. 线圈向上运动　　　　　　　　　D. 线圈向下运动

二、计算题（本大题共 1 小题，共 15 分）

如图 2-29 所示，半径为 R 的无限长半圆柱面导体，均匀分布面电荷密度为 σ 的正电荷，求半圆柱面轴线 OO' 上的电场强度。

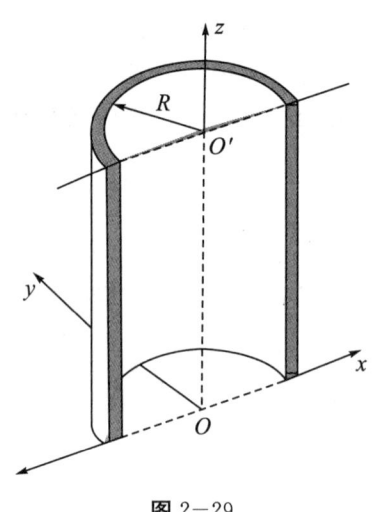

图 2-29

◎达标检测参考答案

一、选择题
1. D；2. C；3. C；4. C；5. D；6. A；7. B

二、计算题

解：把半圆柱面看作无数根宽度为 dl 的无限长直导线组合而成，则流过宽为 dl 长为 h 的单根导线的电荷量

$$\mathrm{d}Q = \sigma h \mathrm{d}l = \sigma h R \mathrm{d}\theta$$

以 dl 为轴心，做半径为 R 的高为 h 圆柱状高斯面，由高斯定理

$$\oint_S \boldsymbol{E} \cdot \mathrm{d}\boldsymbol{S} = \frac{Q}{\varepsilon_0}$$

可知，单根宽为 dl 的导线在轴线 OO' 上产生的电场

$$\mathrm{d}E = \frac{\mathrm{d}q}{2\pi\varepsilon_0 R h}$$

由题意可知，沿 x 方向的电场强度互相抵消，y 方向的磁感应强度

$$\mathrm{d}E_y = \frac{\sigma}{2\pi\varepsilon_0} \sin\theta \mathrm{d}\theta$$

积分求解 $E_y = \frac{\sigma}{\pi\varepsilon_0}$，方向沿 $-y$ 轴方向。

第三章　光学与原子物理

第一节　几何光学

◎考纲提要

一、反射定律和折射定律

二、全反射

三、凸透镜成像规律

◎考点梳理

一、光的直线传播

1. 光的直线传播定律

光在均匀、各向同性介质中沿直线传播。如小孔成像、影、日食、月食等都是光的直线传播的例证。

2. 光的传播速度

光在真空中的传播速度 $c = 3 \times 10^8$ m/s，光在介质中的速度小于光在真空中的速度。

3. 影

光线被不透明的物体挡住，在不透明物体后面所形成的暗区称为影。影可分为本影和半影，在本影区内完全看不到光源发出的光，在半影区内只能看到部分光源发出的光。如果光源是点光源，则只能在不透明物体后面形成本影；若不是点光源，则在不透明物体后面同时形成本影和半影。影的大小决定于点光源、物体和光屏的相对位置。

二、光的反射与折射

1. 光的反射定律

（1）反射定律的表述。

(2) 反射定律的应用。

平面镜对光线的作用：

① 平面镜转过 θ 角，其反射光线转过 2θ 角。

② 互相垂直的两个平面镜，可使光线平行反向射出。

③ 光线穿过相互平行的两个界面，出射光线与入射光线平行。

(3) 全反射：光从光密介质射入光疏介质时，折射角大于入射角，当入射角增大到某一角度时，折射光消失，只剩下反射光，光全部被反射回光密介质中，这种现象叫作全反射。

① 增大入射角时，不但折射角和反射角增大，光的强度也在变化，即折射光越来越弱，反射光越来越强；全反射时，入射光能量全部反射回到原来的介质中。

② 临界角的定义：当光从某种介质射向真空时，折射角度为 90°时的入射角叫作临界角。

③ 发生全反射的条件：光从光密介质射向光疏介质，且入射角大于等于临界角。

2. 光的折射

(1) 折射现象：光从一种介质斜射入另一种介质时，其中一部分光进入另一种介质中传播，并且改变了传播方向，这种现象叫作折射（光由一种介质垂直界面方向入射另一种介质时传播方向不发生改变）。

(2) 折射定律的基本内容包含如下三个要点：

① 折射光线、法线、入射光线共面。

② 折射光线与入射光线分居法线两侧。

③ 入射角与折射角的正弦值之比恰好等于第二与第一两种介质的折射率之比（入射角 i、折射角 r），即

$$\frac{\sin i}{\sin r} = \frac{n_2}{n_1}$$

特别是当光从空气（折射率为 1）射入折射率为 n 的介质中时，上式变为

$$\frac{\sin i}{\sin r} = n$$

(3) 折射率反映了介质对光的折射能力。光从真空以相同的入射角 i 入射不同介质时，n 越大，根据折射定律，折射角 r 越小，则偏折角 θ 越大。折射率与光在该介质中的传播速度有关。

① 折射率等于光在真空中的速度 c 与光在介质中的速度 v 之比，即

$$即 \quad n = \frac{c}{v}$$

② 由于 $c > v$，所以 $n > 1$。

(4) 光疏介质和光密介质。

光疏介质：折射率小的介质叫作光疏介质。在光疏介质中，光速较大。

光密介质：折射率大的介质叫作光密介质。在光密介质中，光速较小。

（5）光的色散：棱镜对白光的色散作用。

①现象：白光通过三棱镜后被分解成不同颜色的光，并按顺序排列为红、橙、黄、绿、蓝、靛、紫。这种现象称为色散现象。

②白光是复色光，由不同颜色的单色光组成。各种色光的偏折角度不同，所以介质对不同色光的折射率不同。由于 $n=\frac{c}{v}$，所以各种颜色的光在同一介质中的传播速度不同。

（6）凸透镜成像规律 [物距（u）、像距（v）、焦距（f）]。

当 $u>2f$ 时，在光屏上可得到倒立、缩小的实像，$f<v<2f$，应用：照相机。

当 $u=2f$ 时，在光屏上可得到倒立、等大的实像，$v=2f$。

当 $f<u<2f$ 时，在光屏上可得到倒立、放大的实像，$v>2f$，应用：幻灯机。

当 $u=f$ 时，不成像，出射光线为平行光。

当 $u<f$ 时，可透过凸透镜看到正立、放大的虚像，$v>u$，应用：放大镜。

◎**典型例题**

【例题】 水的折射率为 4/3。湖水深 8 m，俯视观察时，感觉水变浅了。人感觉水的深度为（　　）

A. 4 m　　　　　B. 5 m　　　　　C. 6 m　　　　　D. 7 m

【解析】 本题考查像似深度公式：$y_{像}=\frac{n_{空}}{n_{水}}\times y_{真}$。代入数据计算得出 C 正确。

【例题】 某同学用焦距为 10 cm 的凸透镜做成像实验，将蜡烛放在距凸透镜 16 cm 处的主光轴上，则在凸透镜另一侧的光屏上得到一个（　　）

A. 正立、放大的虚像　　　　　B. 正立、缩小的虚像

C. 倒立、放大的实像　　　　　D. 倒立、缩小的实像

【解析】 物距在一倍焦距和二倍焦距之间，将成倒立、放大的实像，因此选 C。

【例题】 在探究"凸透镜成像的规律"时，把蜡烛放在凸透镜前 30 cm 处，光屏上可接收到倒立、缩小清晰的像，则该凸透镜的焦距可能为（　　）

A. 10 cm　　　　B. 15 cm　　　　C. 20 cm　　　　D. 30 cm

【解析】 凸透镜倒立、缩小清晰的像，说明物距大于 2 倍焦距，凸透镜的焦距必须小于 15 cm，因此选 A。

【例题】 凹面镜的曲率半径为 20 cm，则它的焦距为（　　）

A. 10 cm　　　　B. 15 cm　　　　C. 20 cm　　　　D. 30 cm

【解析】 凹面镜的焦距等于其曲率半径的一半，因此选 A。

【例题】 一块玻璃板厚度为 3 cm，折射率为 1.5。透过玻璃板垂直观察书本上的文字，发现文字向人眼移动了（　　）

| A. 1 cm | B. 1.5 cm | C. 2 cm | D. 3 cm |

【解析】考查像似深度公式的灵活应用：$\Delta x = (1 - \frac{1}{n})d$。因此选 A。

第二节　波动光学

◎考纲提要

一、杨氏双缝干涉的特征

二、等倾干涉与等厚干涉：增透膜、增反膜、劈尖干涉、牛顿环、迈克耳孙干涉仪

三、圆孔衍射与单缝衍射现象的解释

四、光栅衍射的计算

五、偏振光：偏振态的检验、马吕斯定律、布儒斯特角、双折射、波片

◎考点梳理

一、光程和光程差

n 为介质的折射率，r 为光在介质中走过的路程，Δ 为光程。

(1) 当光通过有明确分界面的几种介质时，光程可用下式计算：

$$\Delta = \sum_{i=1}^{m} n_i r_i$$

(2) 当光通过某种介质时，该介质的折射率是连续变换的，可用函数 $n(r)$ 来表示，那么光程可用下式计算：

$$\Delta = \int_A^B n(r) \mathrm{d}r$$

(3) 光程差：$\delta = n_2 r_2 - n_1 r_1$。

(4) 费马原理：光程取极大值、极小值或恒定值。

(5) 推导相位差和光程差的联系：

$$\Delta \varphi = \frac{2\pi}{\lambda} \delta = \frac{2\pi}{\lambda}(n_2 r_2 - n_1 r_1) = k(n_2 r_2 - n_1 r_1)$$

二、光的干涉

1. 杨氏双缝干涉

如果两波在 P 点引起的振动方向沿着同一直线，如图 3-1 所示，那么当 $\Delta \varphi = (j \cdot$

2π），P 点光程差等于 $\frac{\lambda}{2}$ 的偶数倍时，两波叠加后的强度为最大值$(A_1+A_2)^2$，称为干涉相长。

$$\delta = r_2 - r_1 = (2j)\frac{\lambda}{2}, \quad j=0, \pm 1, \pm 2, \cdots$$

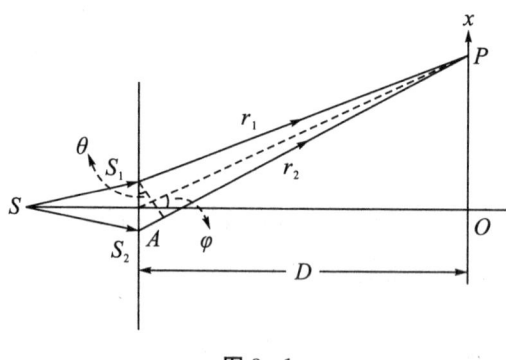

图 3-1

而当 $\Delta\varphi=(2j+1)\pi$，P 点光程差等于 $\frac{\lambda}{2}$ 的奇数倍时，强度为最小值$(A_1-A_2)^2$，称为干涉相消。通常称 j 为干涉级，注意 j 是从零取起的。

$$\delta = r_2 - r_1 = (2j+1)\frac{\lambda}{2}, \quad j=0, \pm 1, \pm 2, \cdots$$

干涉花样的分析如下：

(1) 各级亮条纹的光强相等，相邻亮条纹或相邻暗条纹都是等间距的，且与干涉级 j 无关，间距 $\Delta x = \frac{D}{d}\lambda$。

(2) 当一定波长 λ 的单色光入射时，间距 Δx 的大小与 D 成正比，与 d 成反比。

(3) 当 D、d 一定时，间距的大小与光的波长 λ 成正比。历史上第一次测量波长，就是通过测量干涉条纹间距的方法来实现的。

(4) 当用白光作为光源时，除 $j=0$ 的中央亮条纹外，其余各级亮条纹都带有各种颜色。当 j 较大时，不同级数的各色条纹因相互重叠而无法辨认，用白光观察时可以辨认的条纹数目很少，故一般实验都用单色光作光源。

2. 等倾干涉

反射光中观察，注意分析是否存在半波损失。

$$2nd + (\frac{\lambda}{2}) = (2k)\frac{\lambda}{2} \text{（增反膜）}$$

$$2nd + (\frac{\lambda}{2}) = (2k+1)\frac{\lambda}{2} \text{（增透膜）}$$

3. 等厚干涉

劈尖干涉测量微小变量的原理，迈克耳孙干涉仪原理。

三、光的衍射

（1）光的衍射现象是光离开直线路径而绕到障碍物阴影里的现象。

单缝衍射：中央明而亮的条纹，两侧对称排列强度减弱、间距变窄的条纹。

圆孔衍射：明暗相间不等距的圆环（与牛顿环有区别）。

（2）菲涅尔圆孔衍射半波带：$k = \dfrac{R_h^2}{\lambda}\left(\dfrac{1}{r} + \dfrac{1}{R}\right)$。

（3）夫琅禾费单缝衍射：三个特殊位置。

$\sin\theta = 0$ 对应中央主极大；

$b\sin\theta = k\lambda$，$k = \pm 1, \pm 2, \cdots$ 对应极小位置；

$b\sin\theta = (2k+1)\dfrac{\lambda}{2}$，$k = \pm 1, \pm 2, \cdots$ 对应极大位置。

（4）入射光垂直光栅：$d\sin\theta = j\lambda$，$j = 0, \pm 1, \pm 2, \cdots$；

斜入射光栅：$d(\sin\varphi \pm \sin\theta) = j\lambda$，$j = 0, \pm 1, \pm 2, \cdots$。

（5）光波的传播方向就是电磁波的传播方向，光波中的电矢量 E 和磁矢量 H 都与传播方向垂直，因此光波是横波，具有偏振性。

（6）线偏振光的检验（马吕斯定律）：$I = I_0 \cos^2\theta$。

（7）双折射。

四分之一波片：$(n_o - n_e)d = (2k+1)\dfrac{\lambda}{4}$。

半波片：$(n_o - n_e)d = (2k+1)\dfrac{\lambda}{2}$。

全波片：$(n_o - n_e)d = k\lambda$。

◎ 典型例题

【例题】 单色光垂直穿过长度为 10 cm 的玻璃棒（折射率为 1.5），其光程为（　　）

A. 10 cm　　　　B. 15 cm　　　　C. 20 cm　　　　D. 30 cm

【解析】 光程等于几何路程乘以折射率。因此选 B。

【例题】 做双缝干涉实验时，要增大屏上相邻亮条纹之间的距离，可以采取的措施是（　　）

A. 减小双缝到屏的距离　　　　　　B. 增大光的频率
C. 增大双缝之间的距离　　　　　　D. 增大光的波长

【解析】 由双缝干涉中条纹宽度的表达式 $\Delta x = \dfrac{D}{d}\lambda$ 可知，增大条纹宽度 Δx，可以增大双缝到屏的距离 D，减小双缝之间的距离 d，或者增大光的波长 λ，故 A、C 错，D

对；增大光的频率，则减小了光的波长，条纹宽度减小，故 B 错。

【例题】 用氦氖激光器进行双缝干涉实验，已知使用的双缝间距离 $d=0.1$ mm，双缝到屏的距离 $D=6.0$ m，测得屏上干涉条纹中相邻亮纹的间距是 3.8 cm，氦氖激光器发出的红光的波长 λ 是多少？

【解析】 由条纹间距 Δx、双缝间距离 d、双缝到屏的距离 D 及波长 λ 的关系，可测波长。同理，知道水的折射率，可知该光在水中的波长，然后由 d、Δx、D、λ 的关系，可求条纹间距。

由 $\Delta x = \dfrac{D}{d}\lambda$ 可以得出红光的波长：

$$\lambda = \dfrac{d}{D}\Delta x = \dfrac{0.1\times 10^{-3} \times 3.8 \times 10^{-2}}{6.0}\text{ m} = 6.3\times 10^{-7}\text{ m}$$

激光器发出的红光的波长是 6.3×10^{-7} m。

第三节　原子物理

◎ **考纲提要**

一、α 粒子散射实验

二、原子核的衰变、裂变与聚变

三、α 射线、β 射线、γ 射线的特征

◎ **考点梳理**

一、α 粒子散射实验及卢瑟福核式结构

（略）

二、原子核的衰变、裂变与聚变

类型		可控性	核反应方程典例
衰变	α 衰变	自发	$^{238}_{92}\text{U} \rightarrow {}^{234}_{90}\text{Th} + {}^{4}_{2}\text{He}$
	β 衰变	自发	$^{234}_{90}\text{Th} \rightarrow {}^{234}_{91}\text{Pa} + {}^{0}_{-1}\text{e}$

续表

类型	可控性	核反应方程典例
人工转变	人工控制	$^{14}_{7}N+^{4}_{2}He \rightarrow ^{17}_{8}O+^{1}_{1}H$ 卢瑟福发现质子
		$^{9}_{4}Be+^{4}_{2}He \rightarrow ^{12}_{6}C+^{1}_{0}n$ 查德威克发现中子
		$^{27}_{13}Al+^{4}_{2}He \rightarrow ^{30}_{15}P+^{1}_{0}n$ $^{30}_{15}P \rightarrow ^{30}_{14}Si+^{0}_{1}e$ 居里夫妇发现放射性同位素，同时发现正电子
重核裂变	比较容易进行人工控制	$^{235}_{92}U+^{1}_{0}n \rightarrow ^{144}_{56}Ba+^{89}_{36}Kr+3^{1}_{0}n$
		$^{235}_{92}U+^{1}_{0}n \rightarrow ^{136}_{54}Xe+^{90}_{38}Sr+10^{1}_{0}n$
轻核聚变	除氢弹外无法控制	$^{2}_{1}H+^{3}_{1}H \rightarrow ^{4}_{2}He+^{1}_{0}n$

三、三种射线比较

种类	α射线 $^{4}_{2}He$	β射线 $^{0}_{-1}e$	γ射线（电磁波）
速度	$0.1c$	$0.99c$	c
在电磁场中	偏转	与α射线反向偏转	不偏转
贯穿本领	最弱，用纸能挡住	较强，穿透几毫米的铝板	最强，穿透几厘米的铅板
对空气的电离作用	很强	较弱	很弱
在空气中的径迹	粗、短、直	细、较长、曲折	最长
通过胶片	感光	感光	感光
产生机制	核内两个中子和两个质子结合得比较紧密，有时会作为一个整体从较大的原子核抛射出来	核内的中子可以转化为一个质子和一个电子，产生的电子从核内发射出来	放射性原子核在发生两种衰变后产生的新核往往处于高能级，当它向低能级跃迁时，辐射γ光子

四、光电效应的规律

（1）饱和电流 I_m 的大小与入射光的强度成正比，也就是单位时间内被击出的光电子数目与入射光的强度成正比。

（2）光电子的最大初动能（或遏止电压）与入射光的强度无关，而只与入射光的频率有关，频率越高，光电子的能量就越大。

（3）入射光的频率低于 ν_0 的光，不论光的强度如何，照射时间多长，都没有光电子发射。

（4）光的照射和光电子的释放几乎是同时的，在测量的精度范围内（<10^{-9} s）观察不出这两者间存在滞后现象。

五、光电效应解释：爱因斯坦的光子假设及其光电方程

单个光子的能量与频率 ν 成正比：ε＝hν。爱因斯坦光电效应方程：$h\nu = \frac{1}{2}mv^2 + w$。式中，$\frac{1}{2}mv^2$ 为光电子的动能；w 为光电子逸出金属表面所需的最小能量，称为逸出功。

◎ **典型例题**

【例题】当用一束紫外线照射锌板时，产生了光电效应，这时（　　）
A. 锌板带负电
B. 有正离子从锌板逸出
C. 有电子从锌板逸出
D. 锌板会吸附空气中的正离子

【解析】当用一束紫外线照射锌板时，产生了光电效应，有电子从锌板逸出，锌板带正电，选项 C 正确，ABD 错误。

【例题】在一个 $^{238}_{92}\text{U}$ 原子核衰变为一个 $^{206}_{82}\text{Pb}$ 原子核的过程中，发生 β 衰变的次数为（　　）
A. 6 次　　　　B. 10 次　　　　C. 22 次　　　　D. 32 次

【解析】一个 $^{238}_{92}\text{U}$ 原子核衰变为一个 $^{206}_{82}\text{Pb}$ 原子核的过程中，发生 α 衰变的次数为 (238−206)÷4＝8 次，发生 β 衰变的次数为 2×8−(92−82)＝6 次，选项 A 正确。

◎ **达标检测**

"第三章　光学与原子物理"达标检测

检测范围：光学、原子物理

（时间：60 分钟　满分：100 分）

一、单项选择题（每小题 4 分，共 40 分）

1. 一束由两种频率不同的单色光组成的复色光从空气射入玻璃三棱镜后，出射光分成 a、b 两束，如图 3−2 所示，则 a、b 两束光（　　）

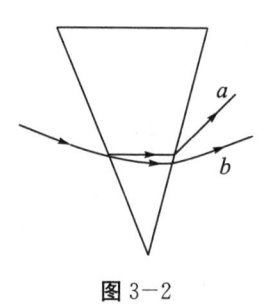

图 3−2

A. 垂直穿过同一块平板玻璃，a 光所用的时间比 b 光长

B. 从同种介质射入真空发生全反射时，a 光临界角比 b 光的小

C. 分别通过同一双缝干涉装置，b 光形成的相邻亮条纹间距小

D. 若照射同一金属都能发生光电效应，b 光照射时逸出的光电子最大初动能大

2. 下列关于光学现象说法正确的是(　　)

A. 水中蓝光的传播速度比红光快

B. 光从空气射入玻璃时可能发生全反射

C. 在岸边观察前方水中的一条鱼，鱼的实际深度比看到的要深

D. 分别用蓝光和红光在同一装置上做双缝干涉实验，用红光时得到的条纹间距更宽

3. 下列说法正确的是(　　)

A. 玻尔对氢原子光谱的研究导致原子的核式结构模型的建立

B. 可利用某些物质在紫外线照射下发出荧光来设计防伪措施

C. 天然放射现象中产生的射线都能在电场或磁场中发生偏转

D. 观察者与波源互相远离时接收到波的频率与波源频率不同

4. 在双缝干涉实验中，一钠灯发出的波长为 589 nm 的光，在距双缝 1.00 m 的屏上形成干涉图样。图样上相邻两明纹中心间距为 0.350 cm，则双缝的间距为(　　)

　　A. $2.06×10^{-7}$ m　　　　　　　　B. $2.06×10^{-4}$ m

　　C. $1.68×10^{-4}$ m　　　　　　　　D. $1.68×10^{-3}$ m

5. 一物体沿凸透镜的主光轴移动，当物距为 15 cm 时，在凸透镜镜另一侧的光屏上得到一个放大的实像；当物距为 30 cm 时，它的像一定是(　　)

　　A. 放大的实像　　　B. 缩小的实像　　　C. 放大的虚像　　　D. 缩小的虚像

6. 如图 3-3 所示，在"用双缝干涉测光的波长"的实验中，光具座上放置的光学元件有光源、遮光筒和其他元件，其中 a、b、c、d 各装置的名称依次是下列选项中的(　　)

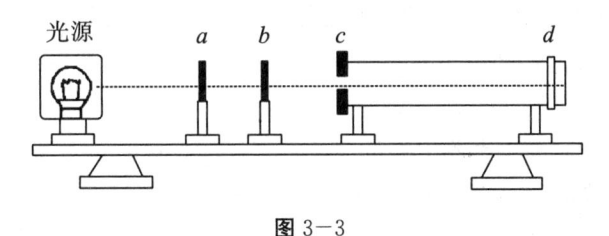

图 3-3

　　A. a 单缝、b 滤光片、c 双缝、d 光屏

　　B. a 单缝、b 双缝、c 滤光片、d 光屏

　　C. a 滤光片、b 单缝、c 双缝、d 光屏

　　D. a 滤光片、b 双缝、c 单缝、d 光屏

7. 某半导体激光器发射波长为 $1.5×10^{-6}$ m，功率为 $5.0×10^{-3}$ W 的连续激光。已知可见光波长的数量级为 10^{-7} m，普朗克常量 $h=6.63×10^{-34}$ J·s，该激光器发出的(　　)

A. 是紫外线 B. 是红外线
C. 光子能量约为 $1.3×10^{-18}$ J D. 光子数约为每秒 $3.8×10^{16}$ 个

8. 铀是常用的一种核燃料，若它的原子核发生了如下的裂变反应：$^{235}_{92}U+^{1}_{0}n\rightarrow a+b+2^{1}_{0}n$，则 a+b 可能是（ ）

A. $^{140}_{54}Xe+^{93}_{36}Kr$ B. $^{141}_{56}Ba+^{92}_{36}Kr$
C. $^{141}_{56}Ba+^{93}_{38}Sr$ D. $^{140}_{54}Xe+^{94}_{38}Sr$

9. 放射性元素氡（$^{222}_{86}Rn$）经 α 衰变成为钋$^{218}_{84}Po$，半衰期为 3.8 天；但勘测表明，经过漫长的地质年代后，目前地壳中仍存在天然的含有放射性元素 $^{222}_{86}Rn$ 的矿石，其原因是（ ）

A. 目前地壳中的 $^{222}_{86}Rn$ 主要来自其他放射元素的衰变
B. 在地球形成的初期，地壳中元素 $^{222}_{86}Rn$ 的含量足够高
C. 当衰变产物 $^{218}_{84}Po$ 积累到一定量以后，$^{218}_{84}Po$ 的增加会减慢 $^{222}_{86}Rn$ 的衰变进程
D. $^{222}_{86}Rn$ 主要存在于地球深处的矿石中，温度和压力改变了它的半衰期

10. 下列说法正确的是（ ）

A. 原子核发生衰变时要遵守电荷守恒和质量守恒的规律
B. α 射线、β 射线、γ 射线都是高速运动的带电粒子流
C. 氢原子从激发态向基态跃迁只能辐射特定频率的光子
D. 发生光电效应时光电子的动能只与入射光的强度有关

二、填空题（每小题 4 分，共 20 分）

1. 将一物体分别放在甲、乙两凸透镜前等距离处，通过甲透镜成缩小的实像，通过乙透镜成放大的实像，由此可推断：甲透镜的焦距_____（选填"小于""等于"或"大于"）乙透镜的焦距。

2. 将蜡烛、焦距为 10 cm 的凸透镜、光屏依次放在光具座上，点燃蜡烛，使烛焰、透镜和光屏的中心在同一高度上。移动蜡烛使烛焰距凸透镜 25 cm，在凸透镜另一侧移动光屏，会在光屏上得到一个倒立、_____的实像。根据这一成像规律，请举一个生活中的应用实例_____。

3. 某同学在做"双缝干涉测光的波长"实验时，第一次分划板中心刻度线对齐第 2 条亮纹的中心时（如图 3-4 甲中的 A），游标卡尺的示数如图乙所示；第二次分划板中心刻度线对齐第 6 条亮纹的中心时（如图 3-4 丙中的 B），游标卡尺的示数如图丁所示。已知双缝间距 $d=0.5$ mm，缝到屏的距离 $L=1$ m。则：

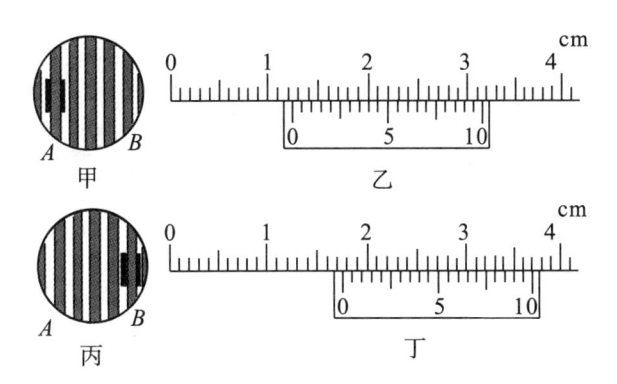

图 3-4

(1) 图乙中游标卡尺的示数为_____ cm。

(2) 图丁中游标卡尺的示数为_____ cm。

(3) 所测光波的波长为_____ m（保留两位有效数字）。

4. 一质子束入射到能止靶核 $^{27}_{13}\text{Al}$ 上，产生如下核反应 $p+^{27}_{13}\text{Al}\rightarrow x+n$，式中 p 代表质子，n 代表中子，x 代表核反应产生的新核。由反应式可知，新核 x 的质子数为_____，中子数为_____。

5. 放射性元素 $^{210}_{84}\text{Po}$ 衰变为 $^{206}_{82}\text{Pb}$，此衰变过程的核反应方程是_____；用此衰变过程中发出的射线轰击 $^{19}_{9}\text{F}$，可得到质量数为 22 的氖（Ne）元素和另一种粒子，此核反应过程的方程是_____。

三、计算题（共 4 小题，每小题 10 分，满分 40 分）

1. 用每毫米有 400 条刻痕的平面透射光栅观察波长为 589 nm 的钠光谱。

试问：(1) 光垂直入射时，最多能观察到几级谱线？

(2) 光以 30 度角入射时，最多能观察到几级谱线？

2. 透镜（$n_1=1.5$）表面通常镀一层如 MgF_2 一类的透明物质薄膜，其利用干涉相消来降低玻璃表面的反射，以达到增加透射光的目的，因此该膜被称为增透膜。为了使透镜在可见光谱的中心波长（$\lambda=550$ nm）处产生极小的反射，则镀膜层（$n_2=1.25$）至少要有多厚？

3. 实物与光屏之间的距离为 L，在中间某一个位置放一个凸透镜，可使实物的像清晰地投于光屏上，将透镜移过距离 d 后，屏上又出现一个清晰的像，见图 3-5。(1) 试计算两个像的大小之比；(2) 证明透镜的像方焦距为 $f'=\dfrac{L^2-d^2}{4L}$；(3) 证明 L 不能小于透镜焦距的 4 倍。

图 3-5

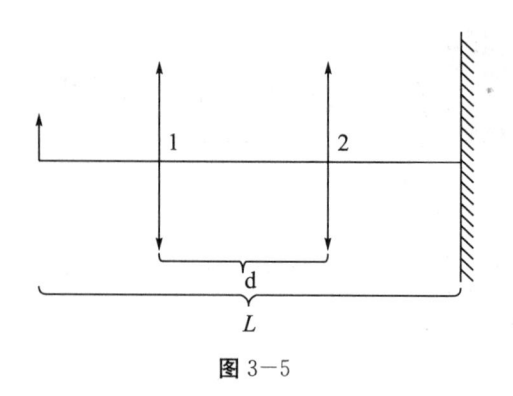

4. 在如图 3-6 所示的杨氏双缝干涉实验中,在屏上观察到一组明暗相间的直条纹。现将一玻璃片插入光源 S_1 发出的光束途中,则 P 点变为中央亮条纹的位置,原来 P 点是屏上第四级亮纹所在位置。求:(1)两束光在 P 点的相位差是多少?(2)玻璃片的厚度。(已知:$\lambda=500$ nm,玻璃折射率 $n=1.5$)

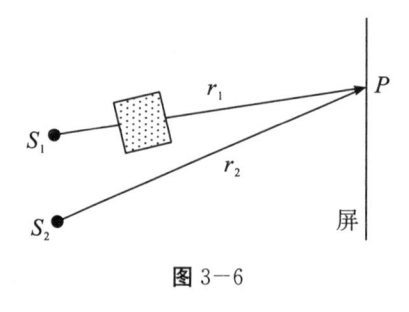

图 3-6

◎达标检测参考答案

1. 本题考查了光的折射率、全反射、双缝干涉及光电效应等知识点,根据图中光线的偏转角度可以判断出三棱镜对 a 光的折射率比 b 光的大,所以 a 光的频率大,在玻璃中速度小,通过玻璃所用的时间长,A 正确;a 光发生全反射的临界角小于 b 光发生全反射的临界角,B 正确;发生双缝干涉时相邻条纹间的距离公式 $\Delta x = \dfrac{D}{d}\lambda$,由于 b 光的波长长,所以 b 光形成的相邻亮条纹间距大,C 错误;由于 a 光的频率大于 b 光的频率,根据 $E = h\nu - w = \dfrac{1}{2}mv^2$,得出 a 光照射金属时逸出的光电子的最大初动能大,D 错误。

2. 本题考查光速、光的全反射、折射、双缝干涉等知识。在同一种介质中,波长越短,波速越慢,故红光的传播速度比蓝光大,A 错误;光从空气射向玻璃是从光疏介质射向光密介质,不能发生全反射,B 错误;在岸边观察水中的鱼,由于光的折射,鱼的实际深度比看到的深度要深,C 正确;在空气中红光的波长比蓝光要长,根据 $\Delta x = \dfrac{D}{d}\lambda$ 可知红光的双缝干涉条纹间距大,D 正确。

3. 本题是对玻尔理论、天然放射现象及多普勒效应等知识的考查。α 粒子散射实验导致原子核式结构模型的建立，A 错误；紫外线可以使荧光物质发光，B 正确；天然放射现象中产生的 γ 射线在电场或磁场中不会发生偏转，C 错误；观察者和波源发生相对运动时，观察者接收到的频率就会发生改变，D 正确。

4. 本题考查双缝干涉条纹间距离公式。双缝干涉相邻条纹间距 $\Delta x = \dfrac{D}{d}\lambda$，则 $d = 1.68 \times 10^{-4}$ m，C 正确。

5. 当物距为 15 cm 时，在凸透镜另一侧的光屏上得到一个放大的实像，可知物距在一倍焦距和二倍焦距之间，焦距一定小于 15 cm；当物距为 30 cm 时，物距大于二倍焦距，得到缩小的实像，B 正确。

6. a、b、c、d 各装置的名称分别为滤光片、单缝、双缝、光屏，故 C 正确。

7. 由于激光波长大于可见光波长，所以该激光器发出的是红外线，B 正确，A 错误。由 $E = hc/\lambda$ 可得光子能量约为 $E = 6.63 \times 10^{-34} \times 3 \times 10^{8} \div (1.5 \times 10^{-6})$ J $= 1.3 \times 10^{-19}$ J，C 错误。光子数约为 $n = P/E = 3.8 \times 10^{16}$ 个，D 正确。

8. 由核反应遵循的质量数守恒可知 $a+b$ 的质量数之和为 234，由核反应遵循的电荷数守恒可知 $a+b$ 的电荷数为 92，所以 $a+b$ 可能是 $^{140}_{54}\text{Xe} + ^{94}_{38}\text{Sr}$，D 正确。

9. 目前地壳中仍存在天然的含有放射性元素 $^{222}_{86}\text{Rn}$ 的矿石，其原因是目前地壳中的 $^{222}_{86}\text{Rn}$ 主要来自其他放射元素的衰变，A 正确。

10. 原子核发生衰变时要遵守电荷守恒和质量数守恒的规律，衰变，放出能量，有质量亏损，质量不守恒，A 错误。α 射线、β 射线都是高速运动的带电粒子流，而 γ 射线是电磁波，B 错误。根据波尔理论，氢原子从激发态向基态跃迁只能辐射特定频率的光子，C 正确。发生光电效应时光电子的动能与入射光的强度无关，只与入射光的频率有关，D 错误。

二、填空题（每小题 4 分，共 20 分）

1. 甲透镜成缩小的实像，说明物距在二倍焦距外。乙透镜成放大的实像，说明物距在一倍焦距和二倍焦距之间。两次物距相等，说明甲的焦距小于乙的焦距。

2. 物距大于二倍焦距，成倒立、缩小的实像。实例：照相机。

3. (1) 图乙中游标卡尺是 20 个等分刻度，精确度为 0.05 mm，读数为：

   12 mm + 0.05 mm × 10 = 12.50 mm = 1.250 cm。

   (2) 图丁中游标卡尺也是 20 个等分刻度，读数为：

   17 mm + 0.05 mm × 14 = 17.70 mm = 1.770 cm。

   (3) 由 $\Delta x = \dfrac{D}{d}\lambda$ 可得

   $\lambda = \dfrac{d}{D}\Delta x = 6.5 \times 10^{-7}$（m）。

4. 根据核反应方程遵循的电荷量守恒可得新核 X 的质子数为 14。根据核反应方程遵循的质量数守恒可得新核的中子数为 13。

5. 根据衰变规律，此衰变过程的核反应方程是 $^{210}_{84}\text{Po} \rightarrow\,^{206}_{82}\text{Pb} + ^{4}_{2}\text{He}$。用 α 射线轰击 $^{19}_{9}\text{F}$，

可得到质量数为 22 的氖（Ne）元素和另一种粒子，此核反应过程的方程是：${}_{2}^{4}\text{He}+{}_{9}^{19}\text{F}\rightarrow{}_{10}^{22}\text{Ne}+{}_{1}^{1}\text{H}$。

三、计算题（每小题 10 分，共 40 分）

1. 解：光栅常数 $d=\dfrac{1}{400}$ mm，光波波长 $\lambda=589$ nm，当谱线的衍射级数最大时，对应的衍射角 $\theta=90°$。

（1）光垂直照射光栅时，由光栅方程：

$$d\sin\theta=j\lambda,\ j=0,\ \pm 1,\ \pm 2,\ \cdots$$

解得 $j=4.2$，即最多能观察到 4 级谱线。

（2）光以 $\theta_0=30°$ 角入射时，光栅方程为：

$$d(\sin\theta+\sin\theta_0)=j\lambda,\ j=0,\ \pm 1,\ \pm 2,\ \cdots$$

将 $\theta_0=30°$、$\theta=90°$、$d=\dfrac{1}{400}$ mm、$\lambda=589$ nm 代入上式，解出最大的衍射级数 $j=6.4$，即最多能观察到 6 级谱线。

2. 解：光在薄膜上界面和下界面发生两次半波损失，因此不计额外光程差。干涉方程可列为：

$$2n_2 d\cos i_2=(2j+1)\dfrac{\lambda}{2},\ j=0,\ 1,\ 2,\ \cdots$$

满足条件：$n_2=1.25$，$i_2=90°$，$j=0$，$\lambda=550$ nm

$$d=\dfrac{\lambda}{4n_2}=\dfrac{550}{4\times 1.25}=110\ (\text{nm})$$

3. 解：（1）设透镜在位置 1 时，物体到透镜的距离为 x，像到透镜的距离就为 $L-x$，由凸透镜成像的公式，得到：

$$\dfrac{1}{L-x}-\dfrac{1}{-x}=\dfrac{1}{f'} \qquad (1)$$

透镜移动到位置 2 时，物体到透镜的距离为 $x+d$，像到透镜的距离为 $L-(x+d)$，有：

$$\dfrac{1}{L-(x+d)}-\dfrac{1}{-(x+d)}=\dfrac{1}{f'} \qquad (2)$$

联立（1）和（2）式得到 $L-2x-d=0$，解出：

$$x=\dfrac{L-d}{2}$$

将 $x=\dfrac{L-d}{2}$ 代入（1）式，即可得到：

$$f'=\frac{L^2-d^2}{4L} \tag{3}$$

将（3）式化简：$d^2=L^2-4Lf'\geqslant 0$

可得 $L\geqslant 4f'$。

4. 解：（1）根据相位差与光程差的关系可知：

$$\Delta\varphi=\frac{2\pi}{\lambda}\delta=\frac{2\pi}{\lambda}\times 4\lambda=8\pi$$

（2）插入介质片后光程差发生改变，光程差改变量为：

$$(n-1)d=4\lambda$$

$$d=\frac{4\lambda}{n-1}=4\times 10^{-3}\text{（mm）}$$

第四章 热学

第一节 气体动理论

◎考纲提要

一、理解物质的基本结构、分子力的概念
二、掌握理想气体的微观模型，理解压强公式的含义
三、掌握气体分子按速率的分布律与其三种特征速率
四、掌握能量按自由度的均分定理
五、掌握分子的平均自由程与平均碰撞频率

◎考点梳理

一、分子动理论的基本观点

（1）宏观物质是由大量分子（分子泛指原子、分子等微观粒子）组成的，而且组成物质的微观粒子之间存在间隙。

标准状态下，1 mol 的任何气体都含有 6.022×10^{23} 个分子，体积均为 22.4 L；每个分子平均占有体积为 3.7×10^{-24} m³，分子间平均距离为 3.3×10^{-10} m。

①气体容易压缩，说明气体分子间的间隙较大。

②液体不容易压缩，但将水与酒精混合时，发现混合后的体积小于二者体积之和，说明液体分子间也存在间隙。

③固体分子间同样存在间隙（高压下的油会透过钢壁渗出说明固体分子间也存在间隙）。

（2）分子都在不停地做无规则运动，运动的剧烈程度与物体的温度有关。

扩散现象、布朗运动很好地证明了分子在不停地运动着，每个分子的运动具有很大的随意性。

①扩散（现象）。

分子运动而产生的物质迁移现象称为扩散（现象）（或不同物质相互接触时彼此进入对方的现象叫作扩散）。气体（人能感受花香的味道、异味的存在……）、液体（一杯水中滴入红墨水，一段时间后，杯中的水全变为淡红色）和固体（将一铅块与一金块挤压在一起，经过足够长的时间后，接触面薄层内发现：铅里含有少量的金，金里含有少量的铅）均可发生扩散现象。扩散现象是由分子的热运动引起的（物质分子的扩散可向四面八方进行，这显然不是重力的作用）。扩散现象直接说明了组成物质的分子总是不停地做无规则运动，温度越高，分子运动越剧烈；扩散现象同样说明分子间有间隙。

②布朗运动与布朗粒子。

布朗运动：悬浮在液体（气体）中的固体微粒永不停息的无规则运动叫作布朗运动。这些悬浮粒子称为布朗粒子。

A. 布朗运动的原因：布朗粒子受到液体分子的不平衡撞击而产生布朗运动，即液体分子无规则运动所产生的结果。布朗运动是观察到的悬浮小颗粒（足够小）的无规则运动，它不是分子的运动。但它间接反映了气体、液体分子在不停地做无规则的热运动。

B. 布朗运动的无规则性：液体分子的无规则运动导致布朗粒子做无规则运动。

C. 布朗运动的影响因素：颗粒越小，布朗运动越明显；液体温度越高，布朗运动越剧烈。

D. 布朗运动的特点：无规则、永不停息、温度越高运动越激烈、颗粒越小现象越明显、布朗运动能在液体和气体中发生。

（3）分子之间存在相互作用力。

①引力的存在才使固体、液体具有一定的体积和形状。固体、液体很难压缩，说明固体、液体分子之间除了存在引力以外，还存在排斥力。理解上需要注意以下几点：

A. 当两个分子处于平衡位置时，引力等于斥力。

B. 当两个分子间的距离小于平衡位置间距离时，斥力大于引力，对外表现为斥力。

C. 当两个分子间的距离大于平衡位置间距离时，斥力小于引力，对外表现为引力。

D. 当两个分子间的距离大于分子直径 10 倍以上时，引力和斥力均趋于零。

②分子力的半经验公式。

$$f=\frac{C_1}{r^s}-\frac{C_2}{r^t}(s>t，s=10\sim13，t=4\sim7)$$

对公式的说明：A. r 为分子间的距离，C_1、C_2、s、t 均为待定的正数；B. 第一项表示斥力，第二项表示引力；C. 引力和斥力均为短程力（而且还是保守力），与 r 的高次方成反比，随 r 的增大而减小；D. $s>t$ 说明斥力随 r 的增大而减小比引力更快。

③分子力随距离 r 的变化。

分子力随距离 r 的变化情况如图 4-1 所示。有以下几点需要说明：

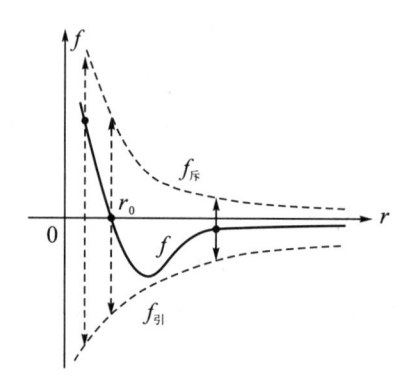

图 4-1

A. 虚线表示引力（负值）和斥力（正值），实线表示引力与斥力的合力。

B. 当 $r=r_0$ 时，$f=0$，即分子间的引力与斥力互相抵消，r_0 称为分子间的平衡位置，对于不同物质，r_0 有所不同。

C. 当 $r>r_0$ 时，$f<0$，分子间引力起主导作用，但 $r \gg r_0$ 时 $f \to 0$，即引力可忽略不计。

D. 当 $r<r_0$ 时，$f>0$，分子间斥力起主导作用，f 随 r 的减小而急剧增大，当 $r \to 0$ 时，$f \to \infty$。

二、理想气体的压强公式和温度公式

1. 理想气体的微观模型

(1) 气体分子本身的线度与分子间的平均距离相比可忽略不计。

(2) 除碰撞的瞬间外，气体分子之间和气体分子与器壁分子之间无相互作用。

(3) 分子之间和分子与器壁之间的碰撞都是完全弹性碰撞。

特别说明：①第一条假设的依据：理想气体极其稀薄，分子间的平均距离较大。②第二条假设的依据：分子间的作用力是短程力，分子间的距离又很大，则分子间的作用力除碰撞瞬间外可忽略不计。③第三条假设的依据：平衡态下，系统的状态参量 T、p 都不随时间变化，可认为分子碰撞过程中无动能（机械能）损失，即碰撞是完全弹性的。

2. 理想气体的压强公式

理想气体的压强公式为

$$p = \frac{1}{3}nm\overline{v^2} = \frac{2}{3}n\left(\frac{1}{2}m\overline{v^2}\right) = \frac{2}{3}n\overline{\varepsilon_\text{平}}$$

式中，n 为分子数密度（单位体积内的分子数），m 为分子的质量，v 为分子的速率，$\overline{\varepsilon_\text{平}} = \frac{1}{2}m\overline{v^2}$ 为分子的平均平动动能。理想气体的压强具有统计意义：只对大量分子组成的系统才成立。

3. 理想气体的温度公式

$$\overline{\varepsilon_{平}} = \frac{3}{2}kT$$

式中，k 为玻耳兹曼常数，$k = \frac{R}{N_A} = 1.38 \times 10^{-23}$ J/K；$N_A = 6.022 \times 10^{23}$/mol，为阿伏伽德罗常数；$R$ 为普适气体常量，$R = 8.31$ J/(mol·K)。温度也具有统计意义：只对大量分子组成的系统才成立。

温度的微观定义：温度反映了系统的大量微观粒子无规则运动的剧烈程度，气体的温度是气体内部做无规则运动的大量分子平均平动动能的"量度"。

三、麦克斯韦速率分布律

1. 速率分布函数

它表示平衡态下在速率 v 附近单位速率间隔 $\mathrm{d}v$ 内的分子数 $\mathrm{d}N$ 占总分子数 N 的比率，数学表述为 $f(v) = \frac{\mathrm{d}N}{N\mathrm{d}v}$。

2. 归一化条件

$$\int_0^\infty f(v)\mathrm{d}v = 1$$

3. 速率分布函数变形式的含义

$f(v) = \frac{\mathrm{d}N}{N\mathrm{d}v}$：平衡态下，分子速率在 v 附近单位速率间隔内的分子数占总分子数的百分比。

$f(v)\mathrm{d}v = \frac{\mathrm{d}N}{N}$：平衡态下，分子速率在 $v \sim v+\mathrm{d}v$ 间隔内的分子数占总分子数的百分比。

$f(v)N\mathrm{d}v = \mathrm{d}N$：平衡态下，分子速率在 $v \sim v+\mathrm{d}v$ 间隔内的分子数。

$\int_0^\infty f(v)\mathrm{d}v = 1$：所有速率间隔内的分子出现的概率之和为 100%，或者说速率分布函数曲线与速率坐标所围的面积等于 1。

4. 麦克斯韦速率分布函数

$$f(v) = 4\pi \left(\frac{m}{2\pi kT}\right)^{3/2} v^2 \exp\left(\frac{-mv^2}{2kT}\right)$$

5. 麦克斯韦速率分布律

$$\frac{\mathrm{d}N}{N} = f(v)\mathrm{d}v = 4\pi \left(\frac{m}{2\pi kT}\right)^{3/2} v^2 \exp\left(\frac{-mv^2}{2kT}\right)\mathrm{d}v$$

6. 三种特征速率

(1) 最概然速率 v_p：与分布函数 $f(v)$ 的极大值对应的速率。其物理意义是：当温度一定时，在此速率附近单位速率间隔中的分子数比率最大。

$$v_p = \sqrt{\frac{2kT}{m}} = \sqrt{\frac{2RT}{M}} \approx 1.414\sqrt{\frac{RT}{M}}$$

式中，M 为摩尔质量。

(2) 平均速率 $\bar{v}$：大量分子无规则运动速率的统计平均值。

$$\bar{v} = \int_0^\infty v f(v) dv = \sqrt{\frac{8kT}{\pi m}} = \sqrt{\frac{8RT}{\pi M}} \approx 1.60\sqrt{\frac{RT}{M}}$$

(3) 方均根速率 $\sqrt{\overline{v^2}}$：大量分子无规则运动速率平方的平均值的平方根。

$$\sqrt{\overline{v^2}} = \sqrt{\frac{3kT}{m}} = \sqrt{\frac{3RT}{M}} \approx 1.732\sqrt{\frac{RT}{M}}$$

讨论气体压强、内能和热容中计算分子的平均平动动能时，需用到分子的方均根速率的平方 $\overline{v^2}$。

四、能量按自由度均分定理

1. 分子的自由度

(1) 单原子分子可视为自由质点，有 3 个自由度。

(2) 双原子分子可视为由两个质点构成，其中又可分为刚性分子和非刚性分子。

① 非刚性双原子分子不受任何限制，具有 6 个自由度（质心位置需 3 个，两原子连线的位置要 2 个方位角，确定 2 原子的相对位置需 1 个）。

② 刚性双原子分子原子间距保持不变，受到 1 个约束，则还有 5 个自由度（质心位置需 3 个，两原子连线的位置要 2 个方位角）。

(3) 一般地讲，如果一分子由 $n(n \geqslant 3)$ 个原子组成，且它们不能排列在一条线上，则这个分子最多有 $3n$ 个自由度，其中 3 个属于平动，3 个属于转动，其余 $3n-6$ 个属于振动。

2. 能量按自由度均分定理

在温度为 T 的平衡态下，分子任何一种运动形式的每个自由度都具有相同的平均平动动能 $kT/2$。

(1) 分子的总动能。

若以 t、r、s 表示分子的平动、转动、振动自由度，则每个分子的总动能为

$$\varepsilon_{kinetic} = \frac{1}{2}(t + r + s)kT$$

(2) 分子的总能量。

由于分子内部还存在原子的微振动，分子内部原子的振动可近似视为谐振动。而谐振动在一个周期内的平均动能与平均势能相等，所以对于每个振动自由度，分子还存在 $kT/2$ 的平均势能。若分子内部原子具有 s 个自由度，则分子的平均总能量为

$$\bar{\varepsilon} = \frac{1}{2}(t+r+2s)kT$$

例如：

① 对于单原子分子，$t=3$，$r=s=0$，则 $\bar{\varepsilon}=\frac{3}{2}kT$。

② 对于双原子分子，不计振动时，即为刚性分子，$t=3$，$r=2$，$s=0$，$\bar{\varepsilon}=\frac{5}{2}kT$。

③ 对于双原子分子，考虑振动时，即为非刚性分子，$t=3$，$r=2$，$s=1$，$\bar{\varepsilon}=\frac{7}{2}kT$。

五、理想气体的内能与热容

1. 理想气体的内能

理想气体的内能只是温度的单值函数，与体积无关，即 $U=U(T)$。

1 mol 理想气体的内能为

$$U_m = N_A \bar{\varepsilon} = N_A \cdot \frac{1}{2}(t+r+2s)kT = \frac{1}{2}(t+r+2s)RT$$

(1) 对于 1 mol 单原子分子的理想气体，其内能为

$$U_m = \frac{1}{2}(t+r+2s)RT = \frac{3}{2}RT$$

(2) 对于 1 mol 双原子分子的理想气体，不计振动时，其内能为

$$U_m = \frac{1}{2}(t+r+2s)RT = \frac{5}{2}RT$$

计振动时

$$U_m = \frac{1}{2}(t+r+2s)RT = \frac{7}{2}RT$$

(3) 对于 1 mol 多原子分子的理想气体，不计振动时（3 个平动自由度和 3 个转动自由度），其内能为

$$U_m = \frac{1}{2}(t+r+2s)RT = \frac{6}{2}RT$$

计振动时（视具体振动自由度而定）

$$U_m = \frac{1}{2}(t+r+2s)RT$$

2. 理想气体的摩尔热容

（1）定容摩尔热容

$$C_{V,m} = \frac{dU_m}{dT} = \frac{1}{2}(t+r+2s)R = \frac{iR}{2}$$

（2）定压摩尔热容

$$C_{p,m} = C_{V,m} + R = \left(\frac{i+2}{2}\right)R$$

式中，$C_{p,m} = C_{V,m} + R$ 称为迈耶公式。

六、分子的平均自由程与平均碰撞频率

1. 自由程、平均自由程

分子的自由程：分子两次相邻碰撞之间自由通过的路程。

分子的平均自由程：每两次连续碰撞之间，一个分子自由运动的平均路程。

2. 碰撞截面面积

碰撞截面面积 $\sigma = \pi d^2$，其中 d 为分子的有效直径。

3. 平均碰撞频率公式

平均碰撞频率：单位时间内某一分子与其他分子碰撞的次数。

平衡态下分子的平均碰撞频率

$$\bar{Z} = \sqrt{2}n\sigma\bar{v} = \sqrt{2}n\pi d^2 \bar{v}$$

式中，n 为分子数密度，$\bar{v}$ 为分子的平均速率。

4. 平均自由程公式

$$\bar{\lambda} = \frac{\bar{v}t}{\bar{Z}t} = \frac{1}{\sqrt{2}n\pi d^2}$$

5. 影响因素

由 $p = nkT$ 与 $\bar{v} = \sqrt{\frac{8kT}{\pi m}}$ 可知

$$\bar{\lambda} = \frac{1}{\sqrt{2}n\pi d^2} = \frac{kT}{\sqrt{2}p\pi d^2}$$

$$\bar{Z} = \frac{4\pi d^2 p}{\sqrt{\pi mkT}}$$

平均碰撞频率、平均自由程与气体的状态参量 p、T 有关。

◎典型例题

【例题】 如图 4-2 所示，两条 $f(v)-v$ 曲线分别表示氢气和氧气在同一温度下的麦克斯韦速率分布曲线，据图上数据求出两气体最概然速率。

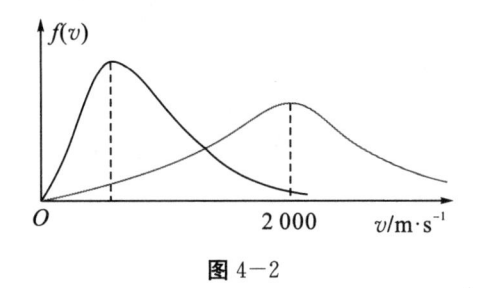

图 4-2

【解析】 因为 $v_p = \sqrt{\dfrac{2RT}{M}}$，$M(\text{H}_2) < M(\text{O}_2)$，所以同温下，$v_p(\text{H}_2) > v_p(\text{O}_2)$，即

$$v_p(\text{H}_2) = 2000 \text{ m/s}$$

由于 $\dfrac{v_p(\text{H}_2)}{v_p(\text{O}_2)} = \sqrt{\dfrac{M(\text{O}_2)}{M(\text{H}_2)}} = 4$，所以 $v_p(\text{O}_2) = \dfrac{1}{4} v_p(\text{H}_2) = 500 \text{ m/s}$。

【例题】 设氧气的温度为 273 K，试估算一下速率在 $v_1 = 500$ m/s 到 $v_2 = 501$ m/s 之间的分子数占总分子数的百分比为多少。

【解析】 速率在 v_1 到 v_2 间的分子数占总分子数的比例为 $\dfrac{\Delta N}{N} = \displaystyle\int_{v_1}^{v_2} f(v) \mathrm{d}v$，因为 $\Delta v = v_2 - v_1 = 1$ m/s 较小，则在此速率间隔内的分布函数值近似相等，即 $f(v_2) \approx f(v_1)$。故可按下式做近似估算

$$\dfrac{\Delta N}{N} \approx f(v_1) \Delta v = 4\pi \left(\dfrac{m}{2\pi kT}\right)^{\frac{3}{2}} v_1^2 \exp\left(\dfrac{-mv_1^2}{2kT}\right) \Delta v = 4\pi \left(\dfrac{M}{2\pi RT}\right)^{\frac{3}{2}} v_1^2 \exp\left(\dfrac{-Mv_1^2}{2RT}\right) \Delta v$$

将 $v_1 = 500$ m/s、$\Delta v = 1$ m/s、$M = 32 \times 10^{-3}$ kg/mol 及 $T = 273$ K 代入上式可得

$$\dfrac{\Delta N}{N} \approx 0.181\%$$

【例题】 N 个假想的气体分子，其速率分布如图 4-3 所示（当 $v > 2v_0$ 时，粒子数为零）。(1) 由 N 和 v_0 求 a；(2) 求速率在 $1.5v_0$ 到 $2.0v_0$ 间的分子数；(3) 求分子的平均速率。

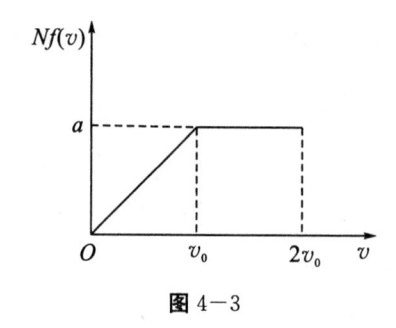

$$Nf(v)$$

图 4-3

【解析】 由图可知分子的速率分布函数为：当 $0 \leqslant v \leqslant v_0$ 时，$f(v) = \dfrac{va}{Nv_0}$；当 $v_0 \leqslant v \leqslant 2v_0$ 时，$f(v) = \dfrac{a}{N}$；当 $v > 2v_0$ 时，$f(v) = 0$。

(1) 由归一化条件 $\int_0^\infty f(v) \mathrm{d}v = 1$ 可得

$$\int_0^{v_0} \frac{va}{Nv_0} \mathrm{d}v + \int_{v_0}^{2v_0} \frac{a}{N} \mathrm{d}v = 1$$

所以 $\dfrac{3v_0 a}{2N} = 1$，即 $a = \dfrac{2N}{3v_0}$。

(2) 由 $f(v) = \dfrac{\mathrm{d}N}{N\mathrm{d}v}$ 可知，速率在 $1.5v_0$ 到 $2.0v_0$ 间的分子数为

$$\Delta N = \int_{1.5v_0}^{2.0v_0} Nf(v) \mathrm{d}v = \int_{1.5v_0}^{2.0v_0} N \frac{a}{N} \mathrm{d}v = \frac{av_0}{2} = \frac{N}{3}$$

(3) 由平均速率定义可知分子的平均速率为

$$\bar{v} = \int_0^{2.0v_0} v f(v) \mathrm{d}v = \int_0^{v_0} v \frac{va}{Nv_0} \mathrm{d}v + \int_{v_0}^{2v_0} v \frac{a}{N} \mathrm{d}v = \frac{11}{9} v_0$$

【例题】 N 个假想的气体分子，其速率分布如图 4-4 所示，当 $v > 2v_0$ 时，$f(v) = 0$。求：(1) 求常数 a；(2) 求速率在 $0.5v_0$ 到 $2.0v_0$ 间的分子数；(3) 求分子的平均速率。

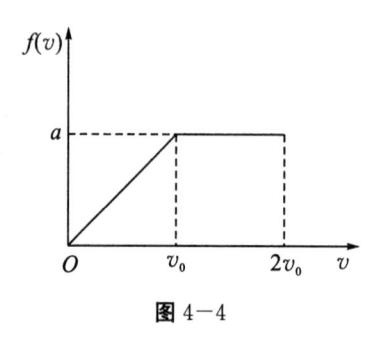

$$f(v)$$

图 4-4

【解析】 由图可知分子按速率的分布函数为：当 $0 \leqslant v \leqslant v_0$ 时，$f(v) = \dfrac{va}{v_0}$；当 $v_0 \leqslant$

$v \leqslant 2v_0$ 时，$f(v)=a$；当 $v>2v_0$ 时，$f(v)=0$。

(1) 由归一化条件 $\int_0^\infty f(v)dv = 1$ 可得

$$\int_0^{v_0} \frac{va}{v_0}dv + \int_{v_0}^{2v_0} a\,dv = 1$$

所以 $\frac{3v_0 a}{2}=1$，即 $a=\frac{2}{3v_0}$。

(2) 由 $f(v)=\frac{dN}{Ndv}$ 可知，速率在 $0.5v_0$ 到 $2.0v_0$ 间的分子数

$$\Delta N = \int_{0.5v_0}^{2.0v_0} Nf(v)dv = \int_{0.5v_0}^{v_0} N\frac{va}{v_0}dv + \int_{v_0}^{2.0v_0} Na\,dv = \frac{11}{12}N$$

(3) 由平均速率定义可知，分子的平均速率为

$$\bar{v} = \int_0^{2.0v_0} vf(v)dv = \int_0^{v_0} v\frac{va}{v_0}dv + \int_{v_0}^{2v_0} av\,dv = \frac{11}{9}v_0$$

【例题】 在一个体积不变的容器中，储有一定的理想气体，当温度为 T_0 时，气体分子的平均速率为 $\overline{v_0}$、平均碰撞频率为 $\overline{Z_0}$、平均自由程为 $\overline{\lambda_0}$。当温度升高为 $2T_0$ 时，气体分子的平均速率为 $\bar{v}$、平均碰撞频率为 $\bar{Z}$、平均自由程为 $\bar{\lambda}$，则下列选项正确的是（　　）

A. $\bar{v}=2\overline{v_0}$，$\bar{Z}=2\overline{Z_0}$，$\bar{\lambda}=2\overline{\lambda_0}$
B. $\bar{v}=\sqrt{2}\,\overline{v_0}$，$\bar{Z}=\sqrt{2}\,\overline{Z_0}$，$\bar{\lambda}=\overline{\lambda_0}$
C. $\bar{v}=2\overline{v_0}$，$\bar{Z}=2\overline{Z_0}$，$\bar{\lambda}=4\overline{\lambda_0}$
D. $\bar{v}=\sqrt{2}\,\overline{v_0}$，$\bar{Z}=\sqrt{2}\,\overline{Z_0}$，$\bar{\lambda}=2\overline{\lambda_0}$

【解析】 由于 $\bar{v}=\sqrt{\frac{8RT}{\pi M}}$，$\bar{Z}=\sqrt{2}n\sigma\bar{v}$，$\bar{\lambda}=\frac{1}{\sqrt{2}n\sigma}$；当 $T=T_0$ 时，$\overline{v_0}=\sqrt{\frac{8RT_0}{\pi M}}$，$\overline{Z_0}=\sqrt{2}n\sigma\overline{v_0}$，$\overline{\lambda_0}=\frac{1}{\sqrt{2}n\sigma}$；当 $T=2T_0$ 时，$\bar{v}=\sqrt{\frac{8R2T_0}{\pi M}}=\sqrt{2}\,\overline{v_0}$，$\bar{Z}=\sqrt{2}n\sigma\bar{v}=\sqrt{2}\,\overline{Z_0}$，$\bar{\lambda}=\frac{1}{\sqrt{2}n\sigma}=\overline{\lambda_0}$。由此可知，B 正确。

【例题】 已知氦气分子的有效直径为 1.9×10^{-10} m，碰撞截面面积为 _____ m^2。当压强为 1.013×10^5 Pa、温度为 300 K 时，氦气的分子数密度为 _____ 个/m^3，分子的平均速率为 _____ m/s，平均碰撞频率为 _____ 次/s，平均自由程为 _____ m。

【解析】 (1) 碰撞截面面积 $\sigma=\pi d^2=3.14\times(1.9\times10^{-10})^2=1.13\times10^{-19}(m^2)$；

(2) 分子数密度 $n=\frac{p}{kT}=\frac{1.013\times10^5}{1.38\times10^{-23}\times300}=2.45\times10^{25}$（个/$m^3$）；

(3) 分子的平均速率 $\bar{v}=\sqrt{\frac{8RT}{\pi M}}=\sqrt{\frac{8\times8.31\times300}{3.14\times4\times10^{-3}}}=1.26\times10^3(m/s)$；

(4) 平均碰撞频率 $\bar{Z}=\sqrt{2}n\sigma\bar{v}$，把 σ、n、$\bar{v}$ 的值代入可得 $\bar{Z}=4.94\times10^9$（次/s）；

(5) 平均自由程 $\bar{\lambda}=\frac{1}{\sqrt{2}n\sigma}$，把 σ、n 的值代入可得 $\bar{\lambda}=2.55\times10^{-7}(m)$。

【例题】 已知假设某品牌热水瓶胆两壁间距 $L=0.4$ cm，其间充满温度 $T=290$ K 的氦气，氦气分子的有效直径 $d=1.9\times10^{-10}$ m。若此时氦气分子的平均自由程 $\bar{\lambda}=0.4$ cm，则热水瓶夹层中氦气的压强为_____ Pa。

【解析】 由 $n=\dfrac{p}{kT}$ 和 $\bar{\lambda}=\dfrac{1}{\sqrt{2}n\sigma}$ 可知 $\bar{\lambda}=\dfrac{1}{\sqrt{2}n\sigma}=\dfrac{kT}{\sqrt{2}p\pi d^2}$，则压强 $p=\dfrac{kT}{\sqrt{2}\bar{\lambda}\pi d^2}$，将 $\bar{\lambda}$、d、T 的值代入可知夹层氦气的压强为 6.21 Pa。

第二节　热力学基础

◎考纲提要

一、理解理想气体的状态方程

二、理解热力学过程、功、能量、内能、热容的概念

三、掌握热力学第一定律及其在等值过程中的应用

四、掌握热力学第二定律的内容

五、掌握卡诺循环和卡诺定理

◎考点梳理

一、理想气体的状态方程

1. 理想气体的实验定律

（1）玻意耳定律。

温度不变时，一定质量的气体的压强跟它的体积成反比，即 $pV=C$。

（2）盖－吕萨克定律。

压强不变时，一定质量的气体的体积跟热力学温度成正比，即 $\dfrac{V_1}{V_2}=\dfrac{T_1}{T_2}$。

（3）查理定律。

体积不变时，一定质量的气体的压强跟热力学温度成正比，即 $\dfrac{p_1}{p_2}=\dfrac{T_1}{T_2}$。

2. 理想气体

同时无条件服从玻意耳定律、盖－吕萨克定律和查理定律的气体称为理想气体。理想气体是一个重要的理论模型，常将实际气体抽象为理想气体。

3. 理想气体的状态方程

理想气体状态的三个参量 V、p、T 之间的关系式即为理想气体状态方程。设温度为 T、质量为 m_0、摩尔质量为 M 的理想气体处于平衡态，则其状态方程为

$$pV = \frac{m_0}{M}RT = vRT$$

式中，$v = \frac{m_0}{M}$ 为摩尔数，$R = 8.31$ J/(mol·K) 称为摩尔气体常量。特别注意：温度 T 的单位为 K。

二、热力学第一定律

1. 准静态过程的体积功

$$A = \int_1^2 dA = \int_{V_1}^{V_2} p\, dV$$

2. 热量

(1) 定容过程交换的热量为 $Q_V = vC_{V,m}(T_2 - T_1) = vC_{V,m}\Delta T$。

(2) 定压过程交换的热量为 $Q_p = vC_{p,m}(T_2 - T_1) = vC_{p,m}\Delta T$。

3. 理想气体内能的增量

$$\Delta U = vC_{V,m}(T_2 - T_1) = vC_{V,m}\Delta T$$

4. 热力学第一定律的公式

假设系统从平衡态 1 变到平衡态 2，系统对外界做功为 A，系统自外界吸热为 Q，系统内能增量为 ΔU，则有

$$\Delta U = Q - A \text{ 或 } Q = \Delta U + A$$

上式表明，当热力学系统由某一状态经过任意过程达到另一状态时，系统内能的增量等于在此过程中系统所吸收的热量与外界对系统所做的功之和。或者说，系统在任一过程中所吸收的热量等于系统内能的增量与系统对外界所做的功之和。

注意：①热力学第一定律适用于任何系统（气、液、固）的任何过程（非准静态过程也适用）。②热力学第一定律的实质是能量转化与守恒的定律在热力学中的应用，它确定了热力过程中各种能量（内能、热量、功）在数量上的相互关系。③符号规定：$Q > 0$ 表示系统吸热，$A > 0$ 表示系统对外界做正功，$\Delta U > 0$ 表示系统内能增加。④对于无限小的过程，热力学第一定律可表示为 $dU = dQ - dA$。⑤对于准静态过程，热力学第一定律可表示为 $\Delta U = Q - \int_{V_1}^{V_2} p\, dV$。

这一定律也被表示为，第一类永动机（不消耗任何形式的能量而能对外做功的机械）是不能制作出来的。

5. 热力学第一定律的应用

(1) 等体积过程。

内能的增量：$\Delta U = vC_{V,m}\Delta T$。做功：$A = 0$。吸收的热量：$\Delta U = Q$。

(2) 等压过程。

内能的增量：$\Delta U = vC_{V,m}\Delta T$。做功：$A = \int_{V_1}^{V_2} p\,dV = p(V_2 - V_1)$。吸收的热量：$Q = vC_{p,m}(T_2 - T_1)$。

(3) 等温过程。

内能的增量：$\Delta U = vC_{V,m}\Delta T = 0$。吸收的热量：$Q = A$。做功：$A = \int_{V_1}^{V_2} p\,dV = vRT \cdot \int_{V_1}^{V_2} \frac{dV}{V} = vRT\ln\frac{V_2}{V_1} = vRT\ln\frac{p_1}{p_2}$。

(4) 绝热过程。

理想气体准静态绝热过程方程

$$pV^\gamma = C_1,\quad TV^{\gamma-1} = C_2,\quad \frac{p^{\gamma-1}}{T^\gamma} = C_3$$

内能的增量：$\Delta U = vC_{V,m}\Delta T$。吸收的热量：$Q = 0$。做功：$A = -\Delta U$，也可按下式计算：

$$A = \frac{1}{\gamma - 1}(p_1V_1 - p_2V_2)$$

三、热力学第二定律

1. 开尔文表述

不可能从单一热源吸取热量，使其全部转化为有用功而不产生其他影响。

注意：

(1) 单一热源：指的是温度均匀的恒温热源。若热源温度不均匀，则系统（工质）可从高温部分吸取热量而向低温部分放热，实际上相当于两个热源。

(2) 其他影响：除了从单一热源吸热并将其全部转化为有用功之外的其他任何变化。若有其他变化，则由单一热源吸热并将其全部转化为有用功是可能的，如理想气体的等温膨胀过程中内能不变，吸取的热量可全部转化为对外做功，此过程的其他变化就是气体体积变大，压强变小。

(3) 开尔文表述中的功具有普遍意义，包括机械功、电功等。

(4) 开尔文表述也可表述为：第二类永动机是不可能制造的（第二类永动机：从单一热源吸取热量并将其全部转化为有用功而不产生其他影响的热机，即工作效率为100%的热机，又称单热源热机）。

2. 克劳修斯表述

不可能把热量从低温物体传到高温物体而不产生任何其他影响，即热量自动从低温物体传向高温物体的过程是不可能发生的。

热力学第二定律的两种表述是等效的。

3. 热力学第二定律的实质

一切与热现象有关的实际宏观过程都是不可逆的，都具有自发进行的方向。

四、热机与热机循环效率

1. 热机

系统（工质）吸热对外做功的装置，称为热机，如蒸汽机、内燃机。

2. 循环过程

系统（工质）从初态出发经历一系列的中间状态最后回到原来状态的过程，称为循环过程。

3. 热机的效率与制冷机的制冷系数

正循环：在 $p-V$ 图上，顺时针方向的循环称为正循环，也叫热机循环。

逆循环：在 $p-V$ 图上，逆时针方向的循环称为逆循环，也叫制冷机循环。

在一个正循环过程中，热机对外所做的功 A 与此过程中系统从外界吸收的热量 Q_1 之比称为热机的效率，记为 η，即

$$\eta = \frac{A}{Q_1} = \frac{Q_1 - Q_2}{Q_1} = 1 - \frac{Q_2}{Q_1}$$

式中，A 为系统对外界所做的净功，Q_1 为系统自高温热源吸收的热量，Q_2 为系统向低温热源放出的热量。

对于制冷机而言，系统自低温热源吸取热量 Q_2 与所消耗的功 A 之比，称为制冷系数，用 ε 表示，即 $\varepsilon = \frac{Q_2}{A}$。

4. 卡诺热机循环及其效率

（1）卡诺热机：是指工作于恒定温度的高温热源和低温热源之间的理想热机，即工质只与两热源交换热量，无散热、漏气和摩擦的影响，整个过程是一个准静态过程。

（2）卡诺循环：卡诺热机的循环即为卡诺循环，或者说由两个等温过程和两个绝热过程组成的可逆循环称为卡诺循环。

（3）理想气体正向卡诺循环的效率：

$$\eta = \frac{A}{Q_1} = 1 - \frac{Q_2}{Q_1} = 1 - \frac{T_2}{T_1}$$

上式表明，理想气体正向卡诺循环的效率只取决于高温热源和低温热源的温度。T_1 越大，T_2 越小，效率越高，自高温热源吸取的热量 Q_1 的利用率越高，这是提高热机效率的方法之一。

(4) 逆向卡诺循环的制冷系数：

$$\varepsilon = \frac{Q_2}{A} = \frac{Q_2}{Q_1 - Q_2} = \frac{T_2}{T_1 - T_2}$$

上式表明，T_2 越小，ε 越小，即要从温度较低的低温热源吸取热量，需消耗较多的功。

5. 卡诺定理

(1) 在相同的高温热源和相同的低温热源之间工作的一切可逆热机，其效率都相等，与工作物质无关。

(2) 在相同的高温热源和相同的低温热源之间工作的一切不可逆热机，其效率都不可能大于可逆热机的效率。

对于制冷机也同样存在如上述卡诺定理类似的结论：

(1) 在相同的高温热源和相同的低温热源之间工作的一切可逆制冷机，其制冷系数都相等，与工质无关。

(2) 在相同的高温热源和相同的低温热源之间工作的一切不可逆制冷机，其制冷系数都不可能大于可逆制冷机的制冷系数。

◎典型例题

【例题】 某柴油机汽缸容积 0.827×10^{-3} m³，设压缩前其中空气的温度为 47℃，压强为 8.5×10^4 Pa。当活塞急剧上升时，可把空气压缩到原体积的 1/17，压强增加到 4.2×10^6 Pa。求此时空气的温度。若将柴油喷入汽缸，将发生怎样的情况？（设空气为理想气体）

【解析】 只需考虑空气的初状态和末状态即可。

初状态：$V_1 = 0.827 \times 10^{-3}$ m³，$p_1 = 8.5 \times 10^4$ Pa，$T_1 = (47+273)$ K $= 320$ K；

末状态：$V_2 = V_1/17$，$p_2 = 4.2 \times 10^6$ Pa，$T_2 = ?$

根据理想气体的状态方程，有 $\frac{p_1 V_1}{T_1} = \frac{p_2 V_2}{T_2} \rightarrow T_2 = \frac{p_2 V_2}{p_1 V_1} T_1 = 930$ K。这一温度已经超过柴油的燃点（220～260℃），所以柴油喷入汽缸会立即燃烧，发生爆炸，推动活塞做功。

【例题】 一定量的理想气体经历如图 4-5 所示的循环过程。AD、BC 是绝热过程。AB、CD 是等压过程。试求此循环的效率。问燃烧 50.0 kg 的汽油可对外做多少功？已知 $T_1 = 300$ K，$T_2 = 400$ K，汽油的燃烧值为 4.69×10^7 J/kg，气体视为理想气体。

图 4-5

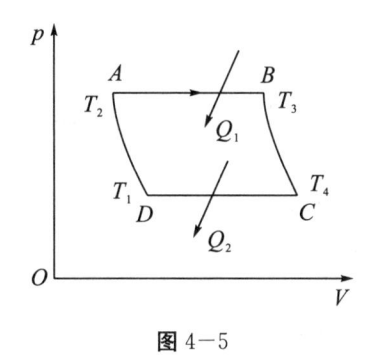

【解析】 AD、BC 是绝热过程，吸、放热仅在 AB、CD 过程

$$Q_1 = vC_{p,m}(T_3 - T_2), \quad Q_2 = vC_{p,m}(T_4 - T_1)$$

$$\eta = 1 - \frac{Q_2}{Q_1} = 1 - \frac{T_4 - T_1}{T_3 - T_2} = 1 - \frac{T_1}{T_2} \cdot \frac{\frac{T_4}{T_1} - 1}{\frac{T_3}{T_2} - 1}$$

设 AB、CD 过程对应的压强分别为 p_2 与 p_1，AD、BC 是绝热过程，则

$$p_2^{\gamma-1} T_2^{-\gamma} = p_1^{\gamma-1} T_1^{-\gamma}, \quad p_2^{\gamma-1} T_3^{-\gamma} = p_1^{\gamma-1} T_4^{-\gamma}$$

$$\frac{T_2}{T_1} = \frac{T_3}{T_4} \rightarrow \frac{T_4}{T_1} = \frac{T_3}{T_2}$$

$$\eta = 1 - \frac{T_1}{T_2} \cdot \frac{\frac{T_4}{T_1} - 1}{\frac{T_3}{T_2} - 1} = 1 - \frac{T_1}{T_2} = 1 - \frac{300 \text{ K}}{400 \text{ K}} = 0.25$$

对外做功 $A = \eta Q_1 = 0.25 \times 50 \times 4.69 \times 10^7$ J $= 5.86 \times 10^8$ J。

【例题】 若理想气体分子的方均根速率为 500 m/s、压强为 1.0×10^5 Pa，则该气体的密度是多少？

【解析】 由 $pV = \frac{m_0}{M} RT$ 可得理想气体密度 $\rho = \frac{m_0}{V} = \frac{Mp}{RT}$；

又由 $\sqrt{\overline{v^2}} = \sqrt{\frac{3RT}{M}}$ 可知 $\overline{v^2} = \frac{3RT}{M} \rightarrow \frac{M}{RT} = \frac{3}{\overline{v^2}}$。

所以 $\rho = \frac{Mp}{RT} = \frac{3p}{\overline{v^2}} = 1.2$ kg/m³。

【例题】 用一打气筒给自行车打气，每次可打进空气 4.00×10^{-4} m³，要使车胎在 318 K 时与地面的接触面积为 2.00×10^{-4} m²，问需打气多少次？已知车胎的负荷为 50.0 kg，内胎容积为 1.60×10^{-3} m³，空气温度为 270 K，气压为 1.01×10^5 Pa。设胎内原来无气，外胎可看成柔软的。

【解析】 以 p_1、T_1、V_1、M 表示每次打进的空气的压强、温度、体积和摩尔质量，由理想气体状态方程 $pV=\dfrac{m_0}{M}RT$ 可得每次打进空气的质量 $m_1=\dfrac{Mp_1V_1}{RT_1}$。

为承受给定的负荷，打气终了时车胎内空气的压强为

$$p_2=\dfrac{50\ \text{kg}\times 9.8\ \text{N/kg}}{2.00\times 10^{-4}\ \text{m}^2}=2.45\times 10^6\ \text{Pa}$$

此时胎内气体质量 $m_2=\dfrac{Mp_2V_2}{RT_2}$，

所以打气次数为 $n=\dfrac{m_2}{m_1}=\dfrac{p_2V_2T_1}{p_1V_1T_2}=82$。

【例题】 初态温度和压强分别为 $T_1=290\ \text{K}$ 和 $p_1=1.013\times 10^5\ \text{Pa}$ 的理想气体，经一准静态的绝热过程被压缩为原体积的一半。(1) 试计算终态的压强 p_2 和温度 T_2，已知气体的定压比热 $C_p=2100\ \text{J/(kg·K)}$ 和定体比热 $C_V=1500\ \text{J/(kg·K)}$；(2) 若经历一等温过程压缩到原体积的一半，那么压强 p_3 和温度 T_3 又是多少？

【解析】 (1) 绝热过程，$pV^\gamma=C$，而 $\gamma=\dfrac{C_p}{C_V}=1.4$，

故由 $p_1V_1^\gamma=p_2V_2^\gamma$ 和 $V_2=V_1/2$ 可得

$$p_2=\left(\dfrac{V_1}{V_2}\right)^\gamma p_1=2.67\times 10^5\ \text{Pa}$$

又因为 $TV^{\gamma-1}=C$，所以 $T_1V_1^{\gamma-1}=T_2V_2^{\gamma-1}$，即

$$T_2=\dfrac{V_1^{\gamma-1}}{V_2^{\gamma-1}}T_1=383\ \text{K}$$

(2) 等温过程，由 $pV=C$ 可得 $p_1V_1=p_3V_3$，即

$$p_3=p_1\dfrac{V_1}{V_3}=2.03\times 10^5\ \text{Pa}$$

等温过程 $T_3=T_1=290\ \text{K}$。

【例题】 在室温下 1 mol 理想气体氧的体积 $V_1=2.3\times 10^{-3}\ \text{m}^3$，压强为 $p_1=1.0\times 10^5\ \text{Pa}$，经过一多方过程后，体积变为 $V_2=4.1\times 10^{-3}\ \text{m}^3$，压强变为 $p_2=0.5\times 10^5\ \text{Pa}$。求：(1) 多方指数 n；(2) 内能的改变；(3) 氧膨胀时对外所做的功；(4) 吸收的热量。已知氧的 $C_{V,m}=5R/2$。

【解析】 (1) 对于多方过程 $p_1V_1^n=p_2V_2^n$，则 $\dfrac{p_1}{p_2}=\left(\dfrac{V_2}{V_1}\right)^n$，两边取对数可知

$$\ln\dfrac{p_1}{p_2}=n\ln\dfrac{V_2}{V_1}\rightarrow n=\dfrac{\ln\dfrac{p_1}{p_2}}{\ln\dfrac{V_2}{V_1}}=1.2$$

(2) $\Delta U=\nu C_{V,m}(T_2-T_1)=\nu\dfrac{5R}{2}(T_2-T_1)=\dfrac{5}{2}(p_2V_2-p_1V_1)=-62.5\ \text{J}$

(3) $A = \dfrac{1}{n-1}(p_1V_1 - p_2V_2) = 125$ J

(4) $Q = A + \Delta U = 62.5$ J

【例题】 一容器内贮有氧气，其压强为 1.013×10^5 Pa，温度为 300 K。求：(1) 单位体积内的分子数；(2) 氧气的密度；(3) 氧分子的质量；(4) 分子间的平均距离；(5) 分子的平均平动动能。

【解析】 (1) $n = \dfrac{p}{kT} = 2.447 \times 10^{25}$ m^{-3}

(2) $\rho = \dfrac{m_0}{V} = \dfrac{pM}{RT} = 1.30$ kg/m^3

(3) $m = \dfrac{pVM}{NRT} = \dfrac{\rho}{n} = 5.31 \times 10^{-26}$ kg

(4) $\bar{l} = \sqrt[3]{\dfrac{1}{n}} = 3.44 \times 10^{-9}$ m

(5) $\bar{\varepsilon}_t = \dfrac{3}{2}kT = 6.21 \times 10^{-21}$ J

◎达标检测

"第四章　热学"达标检测

检测范围：气体动理论、热力学基础

（时间：120分钟　满分：100分）

一、单项选择题（下列各题的备选答案中只有一个选项是正确的，请把正确答案填在括号中，共20题，每小题3分，满分60分）

1. 下列描述系统状态的方法中，属于宏观描述的是(　　)
   A. 利用系统压强、分子质量、分子速度表示系统的状态
   B. 利用系统温度、分子速度、分子质量表示系统的状态
   C. 利用系统温度、系统压强、系统体积表示系统的状态
   D. 利用光子的质量、光子的速度、光子的动量表示系统的状态

2. 当多方指数 $n=0$，时理想气体的多方过程可简化为(　　)
   A. 等压过程　　　B. 等温过程　　　C. 绝热过程　　　D. 等体过程

3. 若将地球大气视为温度为 300 K 的等温大气，其重力加速度为 9.8 m/s^2，大气平均摩尔质量为 28.9×10^{-3} kg/mol。已知地面的大气压强为 1.013×10^5 Pa，若测定某山顶处的大气压强为 7.98×10^5 Pa，则此山的高度约为(　　)
   A. 2100 m　　　　B. 1964 m　　　　C. 3600 m　　　　D. 2264 m

4. 温度为 300 K 时，氮气分子的最概然速率是(　　)

A. 422 m/s　　　　B. 476 m/s　　　　C. 382 m/s　　　　D. 517 m/s

5. 对于华氏温标与摄氏温标的关系,下列关系正确的是(　　)

A. 100℃ = 232℉　　　　　　　　B. 100℃ = 202℉

C. 200℃ = 342℉　　　　　　　　D. 200℃ = 392℉

6. 如图 4-6 所示的两条曲线分别表示氢气和氧气在同一温度下的麦克斯韦速率分布曲线,由图可知(　　)

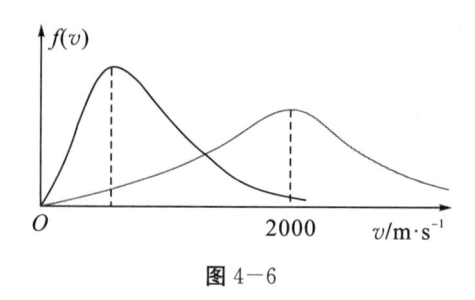

图 4-6

A. 氢分子的最概然速率为 2000 m/s

B. 氧分子的最概然速率为 2000 m/s

C. 氢分子的最概然速率为 500 m/s

D. 氧分子的最概然速率为 1500 m/s

7. 按照气体动理论,1 mol 双原子非刚性分子的理想气体的内能为(　　)

A. $U_m = \frac{7}{2}kT$　　B. $U_m = \frac{5}{2}RT$　　C. $U_m = \frac{5}{2}kT$　　D. $U_m = \frac{7}{2}RT$

8. 某热机循环从高温热源获得热量 Q_1,并把热量 Q_2 排向低温热源,对外做功为 A。设高温热源的温度为 $T_1 = 2000$ K,低温热源的温度为 $T_2 = 300$ K,则工作条件为 $Q_1 = 2000$ J、$Q_2 = 300$ J 的热机是(　　)

A. 不可能的　　　　B. 可逆的　　　　C. 不可逆的　　　　D. 无法判断的

9. 氢分子的最概然速率 $v_p = 200$ m/s,其方均根速率为(　　)

A. 245 m/s　　　　B. 255 m/s　　　　C. 258 m/s　　　　D. 265 m/s

10. 若 n 为分子数密度,$f(v)$ 为速率分布函数,则 $nf(v)dv$ 表示(　　)

A. 速率 v 附近,dv 区间内的分子数

B. 单位体积内速率在 v 到 $v+dv$ 区间内的分子数

C. 速率 v 附近,dv 区间内分子数占总分子数的比率

D. 单位时间内碰到单位器壁上,速率在 v 到 $v+dv$ 区间内的分子数

11. 概率分布的函数为 $f(x) = \begin{cases} E, & 0 \leqslant x \leqslant 2a \\ 0, & x < 0 \text{ 与 } x > 2a \end{cases}$,则常数 E 等于多少(　　)

A. $E = \frac{1}{2a}$　　B. $E = \frac{1}{a}$　　C. $E = a$　　D. $E = 2a$

12. 某气体在平衡温度 T_2 时的最概然速率与它在平衡温度 T_1 时的平均速率相等,则 T_2/T_1 等于多少(　　)

A. 1/π B. 2/π C. 3/π D. 4/π

13. 两容器内分别盛有氢气和氦气，若它们的温度和质量分别相等，则（ ）

A. 两种气体分子的平均平动动能相等

B. 两种气体分子的平均动能相等

C. 两种气体分子的平均速率相等

D. 两种气体的内能相等

14. 无外场作用下，热力学平衡态必须同时满足的三种平衡条件是（ ）

A. 力学平衡，化学平衡，光学平衡

B. 重力平衡，化学平衡，热学平衡

C. 力学平衡，热学平衡，电学平衡

D. 热学平衡，化学平衡，力学平衡

15. 关于热力学第一定律，下列表述不正确的是（ ）

A. 热力学第一定律适用于任何系统的任何过程

B. 热力学第一定律的实质是能量转化与守恒的定律在热力学中的应用

C. 第一类永动机是不能制作出来的

D. 对于任意过程，热力学第一定律均可表示为 $\Delta U = Q - \int_{V_1}^{V_2} p \, dV$

16. 下列关于布朗运动的说法中正确的是（ ）

A. 布朗运动就是分子运动

B. 布朗运动是组成固体微粒的分子无规则运动的反映

C. 布朗运动是液体或气体分子无规则运动的反映

D. 观察时间越长，布朗运动就越显著

17. 室温下质量 3.00 g 的水蒸气的摩尔定体热容为（ ）

A. 1.5 R B. 2.5 R C. 3.0 R D. 4.5 R

18. 如图 4-7 所示为大量氮气分子在甲、乙两种状态下的速率分布统计规律图，则下列说法正确的是（ ）

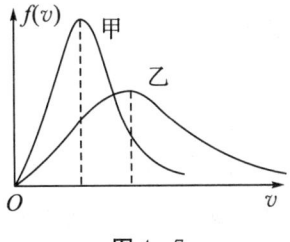

图 4-7

A. 氮气在甲状态下的温度较高

B. 甲状态做无规则运动平均速率较大，氮气分子较多

C. 乙状态下氮气分子做无规则运动更剧烈

D. 某时刻速率为 1000 m/s 的分子在下一时刻的速率一定还是 1000 m/s

19. 下列说法正确的是( )

A. 当物体的温度升高时，物体内每一个分子热运动的速率一定都增大

B. 布朗运动间接反映了液体分子运动的无规则性

C. 分子间的吸引力总大于排斥力

D. 物体运动越快，其内能一定越大

20. 图 4-8 所示为两个卡诺热机循环，第一个沿 $ABCDA$ 进行，第二个沿 $ABC'D'A$ 进行。这两个循环的效率 η_1 和 η_2 及其所做的净功 A_1 和 A_2 的关系是( )

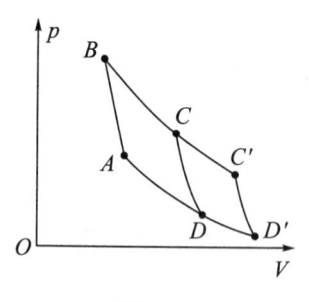

图 4-8

A. $\eta_1 = \eta_2$，$A_1 < A_2$

B. $\eta_1 > \eta_2$，$A_1 < A_2$

C. $\eta_1 = \eta_2$，$A_1 > A_2$

D. $\eta_1 = \eta_2$，$A_1 = A_2$

二、计算题（共 4 小题，每小题 10 分，满分 40 分）

1. 若将地球大气视为温度为 $T = 300$ K 的等温大气，其重力加速度视为常数 $g = 9.8$ m/s^2，大气的平均摩尔质量 $M = 28.9 \times 10^{-3}$ kg/mol。（1）若拉萨的海拔约为 3600 m，当海平面的大气压强为 1.013×10^5 Pa 时，拉萨的大气压强约为多少 Pa？（2）若某人在海平面上每分钟呼吸 17 次，则此人在拉萨每分钟应呼吸多少次才能吸入同样质量的空气？

2. 如果一定量的理想气体的体积 V 与压强 p 的关系为 $V = a/\sqrt{p}$，其中 a 为常数。试计算：（1）气体从体积 V_1 膨胀到 V_2 对外所做的功；（2）体积为 V_1 时的温度 T_1 与体积为 V_2 时的温度 T_2 的比值。

3. 有 1 mol 的氧气，由状态 A 等压膨胀到状态 B，再由状态 B 等体降压到状态 C，由 C 等温压缩回到状态 A。已知状态 A、B、C 的压强和体积分别为 $p_A = 1.01 \times 10^5$ Pa、$V_A = 2.24 \times 10^{-2}$ m^3，$p_B = 1.01 \times 10^5$ Pa、$V_B = 4.48 \times 10^{-2}$ m^3，$p_C = 5.05 \times 10^5$ Pa、$V_C = 4.48 \times 10^{-2}$ m^3，且 $C_{V,m} = 5R/2$。试计算：（1）此循环中系统对外所做的净功为多少？（2）系统从高温热源吸热多少？（3）此循环的效率为多少？

4. 假设分子按速率的分布满足麦克斯韦速率分布律，试求速率在 $v_p \sim 1.01 v_p$ 内的气体分子数占总分子数的比例。

◎达标检测参考答案

一、单项选择题

1. C；2. A；3. A；4. A；5. D；6. A；7. D；8. B；9. A；10. B；11. A；
12. D；13. A；14. D；15. D；16. C；17. C；18. C；19. B；20. A

二、计算题

1. 解：由等温气压公式 $p=p_0\exp[-Mgz/(RT)]$ 可知 300 K 时拉萨的大气压强为

$$p=1.013\times10^5\exp[-28.9\times10^{-3}\times9.8\times3600/(8.31\times300)]=6.729\times10^4\text{ Pa}$$

再根据气体的等温变化，令一次呼入的空气体积为 V，则 17 次呼吸吸入的空气体积为 $17V$，则这些气体在拉萨对应的体积为 xV。

根据等温变化有：$p_0\times17V=p\times xV$，所以得 $x=25.59$，即在海平面上每分钟呼吸 17 次，在拉萨每分钟应呼吸 25.6 次才能吸入同样质量的空气。故答案为：6.729×10^4 Pa，25.6 次。

2. 解答：(1) 因为 $\mathrm{d}A=p\mathrm{d}V=\left(\dfrac{a^2}{V^2}\right)\mathrm{d}V$，

所以 $A=\displaystyle\int_{V_1}^{V_2}\dfrac{a^2}{V^2}\mathrm{d}V=a^2\left(\dfrac{1}{V_1}-\dfrac{1}{V_2}\right)$。

(2) 由理想气体状态方程可知 $\dfrac{p_1V_1}{T_1}=\dfrac{p_2V_2}{T_2}$，所以 $\dfrac{p_1V_1}{p_2V_2}=\dfrac{T_1}{T_2}$，

又因为 $V_1=a/\sqrt{p_1}$，$V_2=a/\sqrt{p_2}$，可知 $\dfrac{p_1}{p_2}=\left(\dfrac{V_2}{V_1}\right)^2$，

故 $\dfrac{T_1}{T_2}=\dfrac{p_1V_1}{p_2V_2}=\left(\dfrac{V_2}{V_1}\right)^2\dfrac{V_1}{V_2}=\dfrac{V_2}{V_1}$。

3. 解：(1) $A=A_{AB}+A_{BC}+A_{CA}=p_A(V_B-V_A)+p_CV_C\ln\left(\dfrac{V_A}{V_C}\right)=694.22$ J

(2) $Q_1=Q_{AB}=C_{p,m}(T_B-T_A)=\dfrac{C_{p,m}}{R}(p_BV_B-p_AV_A)=7918.4$ J

(3) $\eta=\dfrac{A}{Q_1}=8.767\%$

4. 解：因为最概然速率为 $v_p=\sqrt{\dfrac{2kT}{m}}$，由题意可知，速率间隔 $\Delta v=0.01v_p$。

因速率间隔较小，此速率间隔内的分布函数值近似相等，则由麦克斯韦速率分布律可知 $\dfrac{\Delta N}{N}=f(v)\Delta v$，即

$$\dfrac{\Delta N}{N}=f(v_p)\Delta v=4\pi\left(\dfrac{m}{2\pi kT}\right)^{\frac{3}{2}}v_p^2\exp\left(\dfrac{-mv_p^2}{2kT}\right)\times0.01v_p$$

$$=4\pi\times\pi^{-\frac{3}{2}}v_p^{-3}\exp(-v_p^{-2}\times v_p^2)\times0.01v_p^3$$

$$=\dfrac{0.04}{\sqrt{\pi}\mathrm{e}}=0.0083=0.83\%$$

第五章　教学设计

第一节　物理教学知识

◎**考纲提要**

一、理解高中物理课程的性质、基本理念和目标，熟悉《普通高中物理课程标准（2017 年版 2020 年修订）》

二、了解物理教学原则

三、认识物理教学过程的基本特点及其规律

四、熟悉中学物理常用的教学方法

◎**考点梳理**

一、高中物理课程标准解读

1. 课程性质

从课程性质中可以获得如下教学知识。

第一，中学物理教学需要基于物理实验来提升学生的物理学科核心素养，为学生的终身发展奠定基础，促进人类科学事业的传承与社会的发展。

第二，中学物理教学需要基于科学探究来引导学生像科学家一样学习，学生经历科学探究过程，体会科学研究方法，养成科学思维习惯，增强创新意识和实践能力。

第三，中学物理教学的资源选用要有 STSE 理念，结合科学、技术、社会、环境与物理知识的联系来选择和整合教学资源，体现物理的实用性，调动中学生学习物理的积极性，激发中学生的求知欲和学习兴趣[①]。

[①] 中华人民共和国教育部：《普通高中物理课程标准（2017 年版 2020 年修订）》，人民教育出版社，2020 年，第 1 页。

2. 基本理念

从五条基本理念中可以获得如下教学知识。

首先，学生物理学科核心素养的形成离不开对物理学科本质的理解，离不开基本概念的构建和基本规律的形成过程，离不开对物理知识从感性到理性的认识过程，离不开物理实验的支持。

其次，教学中要落实"从生活到物理，从物理到社会"的理念，让死知识变为活生活，使物理课堂充满生活味、时代味和科技味。

再次，教学中教师要时刻铭记"学生为主体，教师为主导"的理念，引导学生自主学习，合作学习，探究学习。

最后，教学中教师要注重过程评价，促进学生核心素养的发展，对学生的回答要给予及时的激励性评价[1]。

3. 学科核心素养目标

依据《普通高中物理课程标准（2017年版2020年修订）》，中学生通过中学物理学科学习要逐步形成的正确价值观、必备品格和关键能力，即物理学科核心素养。它主要包括"物理观念""科学思维""科学探究""科学态度与责任"四个方面[2]。相比三维教学目标，物理学科核心素养目标对中学物理教师的教学目标设置提供了更多的维度。那如何理解四维核心素养目标呢？

根据中学课堂经验，我们可以从"教什么""怎么教""为什么这么教"三个角度来理解核心素养目标。

"物理观念"主要解决的教学问题是教知识。"科学思维"主要解决的教学问题是教思维、教方法。"科学探究"主要解决的教学问题是怎么教，学生怎么学。"科学态度与责任"主要解决的教学问题是教师为什么教，学生为什么学。在认识科学本质的基础上，这一目标也是立德树人的重要体现之一。

二、物理教学的原则

物理教学原则是中学物理教师开展教学时应该遵守的准则，是提高中学物理课堂教学效果的必要保证，是根据物理课程目标来确定的。作为一名中学物理教师，应该遵守科学性原则、直观性原则、启发性原则、理论联系实际原则和激发学生学习兴趣原则等[3]，其中科学性原则是物理教师的教学底线。我们常说的，教师不能出现知识性错误，要正确无误，要科学，要严谨，物理知识的建立要基于观察到的自然现象、实验现象、学生已具有的个体经验等事实依据，这些内容就是科学性原则的范畴。

---

[1] 中华人民共和国教育部：《普通高中物理课程标准（2017年版2020年修订）》，人民教育出版社，2020年，第2页。

[2] 中华人民共和国教育部：《普通高中物理课程标准（2017年版2020年修订）》，人民教育出版社，2020年，第4页。

[3] 阎金铎、郭玉英：《中学物理新课程教学概论（第2版）》，北京师范大学出版社，2018年，第36页。

三、物理教学过程

以发展学生物理学科核心素养为锚，从中学物理课堂教学实际出发，物理教学过程是教师引导学生透过物理现象看物理本质的学生学习体验过程，是教师引导学生发现问题、提出问题、分析问题、解决问题的师生交互过程。它主要包括情境导入、实验探究、得出结论、学以致用等环节。

基于物理教学过程的基本特点和规律，物理教学过程中教师应尽量避免以下情形的发生：

第一，教师以讲授为主。由于教师讲授过多，学习过程枯燥、抽象、难懂，直接导致学生的学习积极性不高。

第二，教学思路混乱。由于教师没有明确的教学主线，教学任务之间逻辑关系不清，教学思路混乱，人为造成学生学习困难。

第三，教师不做实验。由于物理是一门以实验为基础的自然科学，有实验不做，学生不能获得良好的学习体验，科学思维、科学探究等过程性核心素养目标离开实验也难以达成。

第四，缺乏情境创设。由于没有创设情境，物理概念的建立和物理规律的形成对学生学习会造成思维跳跃，理解起来比较困难。

第五，忽视分析归纳。教师对于收集的实验证据，没有引导学生进行一系列逻辑严密的分析推理，直接从实验证据中给出结论。这会导致学生对新知识理解不透，难以形成完整的知识体系。

第六，导入问题未得到解决。新课教学完成后，教师没有及时解决导入时提出的问题，造成课堂结构失衡。

第七，教师不重视板书。好的板书板画能完整呈现一节课的知识体系，便于学生笔记、理解知识间的关系和复习。

四、中学物理教学方法

中学物理常见的教学方法很多，比如讲授法、启发式教学法、类比教学法、情境教学法、物理学史法、问题驱动法、合作学习法、讨论法等。随着核心素养目标和课改的深入，教师资格考试、招聘考试、各级教学比赛都越来越重视中学物理课堂上学生的主体作用，所以应对演示实验和学生探究实验活动为主的教学方法给予足够重视。这既能调动学生学习物理的主动性，也能很好地反映物理科学的本质特征。下面重点介绍演示实验法和探究式教学法。

1. 演示实验法

演示实验法是以教师演示实验为载体开展的物理教学活动，通过教师演示实验，设置问题，学生观察、思考，教师引导分析，形成新的物理知识。演示实验法既能直观呈现物理现象，又能引导学生科学思维，培养学生的观察、分析、概括等思维能力。

实际教学中演示实验法教学流程如图 5-1 所示。

现象 ➡ 分析 ➡ 总结

图 5-1 演示实验法教学流程

2. 探究式教学法

在中学物理课堂教学中，依据新课程标准，培养学生的核心素养，可效仿科学家研究问题的足迹，使用探究式教学法。探究式教学法是以科学探究活动为主的教学，它主要包括问题、证据、解释、交流等要素。在实际的探究式教学中，它具有基于观察和实验提出物理问题、形成猜想和假设、设计实验与制订方案、获取和处理信息、基于证据得出结论并作出解释，以及对科学探究过程和结果进行交流、评估、反思的明显特征[①]。

问题要素包括基于观察和实验提出物理问题，形成猜想和假设。证据要素包括设计实验与制订方案，获取和处理信息。解释要素包括基于证据分析与论证，得出结论并作出解释。交流要素包括对科学探究过程和结果进行交流、评估、反思等。

实际教学中操作流程主要有：情境导入，提出问题，猜想和假设，设计实验，进行实验，数据处理，分析与论证，得出结论等。

◎ 典型例题

【例题】在教学中如何体现"从生活走向物理"的课程理念？并以初中物理"光的直线传播"一课举例说明。

【解析】运用学生日常所见、所经历的情境设计教学活动，让学生参与到教学活动中，教师择机提问学生课程中所要探究的问题。例如，在课程的导入环节，让几个同学来到讲台，在投影幕上演示不同的手影形状，评选形象、生动的手影，活跃课堂气氛后，提问学生"手影"是怎样形成的。

教师把工业生产、科研活动中所涉及的物理现象通过演示实验进行呈现，让学生进行观察和思考，归纳物理结论。例如，在讨论"光在液体中是不是也沿直线传播"这一问题过程中，教师用小型激光器或者激光笔照射盛在玻璃水槽中滴有牛奶的水，让学生观察光在水中的传播径迹，然后引导学生总结出"光在同种均匀介质中沿直线传播"的结论。

【例题】"关注科学技术对社会发展、自然环境的影响，有保护环境及可持续发展的意识"是初中物理课程目标之一，结合教学实例简述如何落实。

【解析】在人教版初中物理八年级"密度与社会生活"中介绍了"密度与温度"和"密度与物质鉴别"这两个知识。

在介绍密度与温度时，教师可以找到教学契合点，引申出水对于自然和生命的重要

---

① 中华人民共和国教育部：《普通高中物理课程标准（2017年版2020年修订）》，人民教育出版社，2020年，第5页。

性，培养学生保护自然资源及可持续发展的意识。

在介绍密度与物质鉴别时，教师可以介绍工业生产中高科技材料对于国家发展的重要性，激发学生钻研科学技术的热情，提升学生将科学服务于人类的使命感和责任感。

【例题】以串、并联电路为例，简述教学中如何体现理论联系实际的原则。

【解析】在教学过程中，可以从以下几方面体现理论联系实际的原则。

第一，让学生明确物理理论知识与生活紧密相关。例如，在课程的导入阶段，教师可以设置与串、并联电路有关的生活实际问题，提问学生"为什么教室内的开关可以控制多盏灯""家庭中某个用电器断开了为什么不会影响其他用电器的工作"，在学生思考以后，向学生表明可以用这节课所学的知识回答以上问题，让学生认识到所要学习的物理知识与生活紧密联系。

第二，转变教学观念，让学生变"被动学习"为"主动学习"。例如，在介绍串联和并联电路的基本概念前，教师先通过大屏幕给出串联和并联电路的实物图和电路图，引导学生观察各个电路的特征，组织学生讨论，在学生讨论的过程中，激发学生主动学习的意识，通过对比实物图和电路图的联系，用自己的语言总结各个特征，教师在此基础上结合电路讲解串联电路和并联电路的基本概念。

第三，加强物理实验操作。例如，让学生亲自连接串联和并联电路，学生通过自己动手操作，加深对串联和并联电路的理解，教师在此基础上引导学生回顾课程开始时提出的问题，在学生明确问题的答案之后，教师举生活中的串联和并联电路的实例，可以提升学生把物理理论知识与生活实际相联系的意识和能力。

【例题】初中物理课程中有很多容易混淆的物理概念，如"功和功率""温度和热量"等。举例说明教学中应从哪些方面区分容易混淆的物理概念。

【解析】从定义、符号、物理意义、单位等方面进行区分，例如功和功率。

从定义上，功的定义是：如果一个力作用在物体上，物体在这个力的方向上移动了一段距离，我们就说这个力对物体做了功。而功率的定义是：功与时间之比。

从符号和单位上，功的符号是 W，单位是焦耳；而功率的符号是 P，单位是瓦特。

从物理意义上，功的物理意义是：能量转化的量度。而功率的物理意义是：做功快慢的量度。

第二节 中学物理教学设计

◎ **考纲提要**

一、分析物理教材
二、确定物理教学目标
三、选择教学策略和方法

四、设计物理教学过程

◎考点梳理

一堂45分钟的中学物理教学设计内容通常包括教材分析、学情分析、教学目标、教学重点难点、教学方法与学习方法、教学资源、教学流程、教学过程、板书设计、教学反思等。下面主要针对教学设计的格式及模板进行示范讲解。

一、教材分析

考虑中学物理教材的内容特点，教材分析主要从四个方面进行，教材分析导图如图5-2所示。

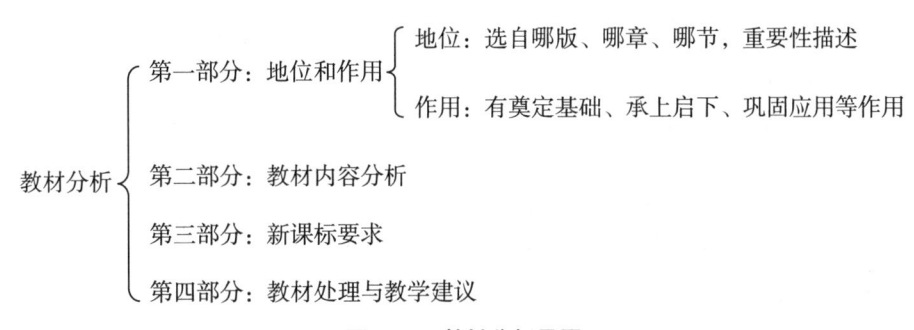

```
            ┌ 第一部分：地位和作用 ┌ 地位：选自哪版、哪章、哪节，重要性描述
            │                    └ 作用：有奠定基础、承上启下、巩固应用等作用
教材分析  ──┤ 第二部分：教材内容分析
            │ 第三部分：新课标要求
            └ 第四部分：教材处理与教学建议
```

图 5-2　教材分析导图

1. "浮力"一节的教材分析

（1）地位和作用。

"浮力"是人教版初中物理八年级下册教材第十章第一节的内容，是本章的一个重点知识点。它既是新知识的学习基础，又是对前面所学知识的巩固和深化，在结构上有着承上启下的作用。

（2）内容分析。

本节课的内容涉及受力分析、二力平衡、二力合成的知识教材，从本质上进一步理解和应用压强、压力、受力分析、二力平衡、二力合成，让学生有效体会和熟练应用所学知识解决相关问题。教材编排是先介绍浮力的概念，再从实验出发认识浮力现象，得到浮力方向和大小，然后给出浮力产生的原因，最后探究浮力大小与哪些因素有关。

（3）课程标准的要求。

认识一切浸在液体中的物体都受到浮力，知道浮力方向及产生原因，会算浮力大小，探究影响浮力大小的因素。

（4）教材的编排与处理。

教材首先以巨大的冰川在水中漂浮图片进入，再通过生活实例进入教学过程，得出浮力概念和方向，制造认知冲突，激发学生学习兴趣，然后通过实验得出浮力大小及浮力产生的原因，最后通过实验探究影响浮力大小的因素。通过探究式教学使学生更好地融入课堂，落实核心素养目标。

2．"全反射"一节的教材分析

（1）地位和作用。

"全反射"是人教版高中物理教材选修 3－4 第 13 章第 2 节的内容，是几何光学的一个重要知识点。它既是新知识的学习基础，又是对前面所学知识的巩固和深化，在结构上有着承上启下的作用。

（2）内容分析。

本节课的内容涉及直线传播、反射、折射的知识教材，从本质上进一步理解和应用折射定律和折射率，让学生有效体会和熟练应用光路可逆知识解决光的传播问题。教材编排是先介绍光疏介质和光密介质，再从光路图出发认识玻璃射入空气的全反射现象，得到全反射的定义和发生条件，然后给出临界角的表达式，最后介绍全反射的主要应用。

（3）课程标准的要求。

掌握全反射的条件。

（4）教材的编排与处理。

新增激光射入水中的实验，教学过程从认识全反射现象开始，利用实验让学生体会全反射，制造认知冲突，激起学生学习兴趣，探究全反射的条件。这样可使学生对全反射的认识更足，更能让学生成为课堂的主人。

二、学情分析

1．如何做学情分析

学情分析主要从两方面展开，一是学生已有的学习基础，二是学生的学习障碍及成因分析。学生的学习基础，可分为知识基础、技能基础、能力基础等内容进行分析。学生的学习障碍及成因分析可以从认知障碍、思维障碍、心理特点等方面进行分析。

2．撰写思路

先撰写学习基础，后撰写学习障碍。可以从知识基础、技能基础、能力基础、认知障碍、思维障碍、心理特点等分析要点中精选三个点做详细的分析。

3．撰写示范

（1）撰写示范一："内能"一节的学情分析。

①知识基础：九年级的学生已具有了一定的物理知识，能力也得到一定的发展。虽然学生已经学习了分子动理论的相关知识，但大多数学生思维还是以形象思维为主，感性认识比较匮乏。

②技能基础：九年级学生已经具有一定的观察、类比和分析推理能力，具有初步的抽象思维和科学探究能力。但对于通过实验现象寻找规律的能力还比较薄弱，因此，教学中应注重学习方法的引导。

③思维障碍：大多数学生思维还是以形象思维为主，感性认识比较匮乏。因此，教

学中仍需以一些感性认识作为依托，借助实验等手段加强直观性和形象性，把抽象的概念具体化、生活化，从学生的体验、经历和身边的事物来建立和强化内能的概念，让学生逐步认识到内能的存在、什么是内能、内能有什么特点、内能是怎样变化和量度的。

（2）撰写示范二："全反射"一节的学情分析。

①知识基础：学生对反射定律、折射定律、折射率的内容有了一定的认识。同时高三学生已经具备观察能力和分析思考问题能力，为探究全反射奠定了基础。

②心理特点：学生好奇心强，对生活实验非常感兴趣，喜欢动手实践。应充分启发学生发挥自己的潜能，探索、交流和思考有利于学生能力的提高。

③思维障碍：学生独立探究问题的能力不够，不善于抓住问题的本质，需要教师的引导和指点，且知识结构较为完善，固有认知不易被打破，需合理利用实验打破学生原有认知。

三、教学目标

1. 如何确定与撰写教学目标

基于教材分析与学情分析，按照核心素养目标的四个维度进行确定与撰写。撰写时要结合新课程标准提供的行为动词进行正确表达，目标语句的主语为学生，体现以学生为主体的新课标理念。

2. 撰写易错点与建议

主语不是学生。建议在教师资格考试目标撰写中，行为动词不要使用把学生作为宾语的习惯搭配动词，比如培养、树立等。

3. 撰写参考模板一

（1）物理观念。

知道……；理解……；学会……；能运用……解决有关问题。

（2）科学思维。

能通过……得出……；了解……的推理；能简单分析……获得……结论。

（3）科学探究。

能利用……探究得出……；分析数据找到……规律，得到……结论；能运用……知识解释……。

（4）科学态度与责任。

通过本节学习，认识……；经历……过程，养成……态度；通过……过程，提高……兴趣；通过……过程，对……产生兴趣；养成……习惯；认识到……。

4. 撰写参考模板二

（1）物理观念。

格式提示：课标给定的行为动词＋知识。

(2) 科学思维。

通过观察归纳……，通过观察、分析、交流、讨论概括出……。

(3) 科学探究。

经历观察实验认识……，经历……探究过程，学会分析……，交流总结，寻找规律并从中归纳出……。

(4) 科学态度与责任。

通过科学的探究过程，对实验现象的分析和总结，养成科学、严谨、实事求是的科学态度，通过交流讨论锻炼合作交流能力，通过……提升民族自豪感。

5. 参考示例

(1) 示例一："加速度"一节教学目标设计。

①物理观念：知道加速度是描述速度变化快慢的物理量，理解加速度概念，能应用加速度公式解决实际问题。

②科学思维：能通过计算数据与分析得出加速度表达式，能画速度矢量图并分析得出加速度与速度方向的关系。

③科学探究：能利用数学斜率知识和加速度公式分析速度图线，探究得出加速度与斜率的关系。

④科学态度与责任：通过本节学习，认识加速度与生活的联系。

(2) "全反射"一节教学目标设计。

①物理观念：认识全反射现象，掌握发生全反射的条件和临界角的概念、表达式，了解全反射的应用。

②科学思维：通过观察归纳全反射的定义，通过观察、分析、交流、讨论概括出全反射的条件。

③科学探究：经历观察实验认识全反射现象，经历全反射的条件探究过程，学会分析实验现象，交流总结，寻找规律并从中归纳出结论。

④科学态度与责任：通过科学的探究过程，对实验现象的分析和总结，养成科学、严谨、实事求是的科学态度，通过交流讨论锻炼合作交流能力，通过介绍我国在全反射应用方面的成就提升民族自豪感。

(3) "反冲运动　火箭"一节教学目标设计。

①物理观念：知道什么是反冲运动，能够用动量守恒定律解释反冲运动，了解火箭的工作原理。

②科学思维：通过观察、分析火箭发射，运用动量守恒定律分析影响其发射速度的因素。

③科学探究：通过观察反冲现象、经历探究共同规律的过程，建立反冲概念，养成科学探究意识，形成科学探究能力。

④科学态度与责任：探索新知的过程中真正体会物理知识源于生活、用于生活，养成主动探究的品质和理论联系实际的能力。

四、教学重点、难点

1. 如何确定教学重点

教学重点应该根据新课程标准和教材分析来确定。根据教材分析，教材中学生必须掌握的知识与技能可定为重点知识，可以作为一节课的教学重点。

2. 如何确定教学难点

教学难点主要制定依据是学生学情。站在教师的视角，教学难点是教师难教的内容，很难讲明白、讲透彻的知识。站在学生的视角，教学难点是学生难学的内容，是不易理解和掌握的知识、技能、方法等，也可以是学习新知识的过程。

3. 教学重难点撰写参考示例

重点：内能、热量概念的建立，知道改变物体内能的两种途径。
难点：用类比的方法建立内能的概念，运用内能分析解决实际问题。
重点：掌握全反射的条件。
难点：运用实验探究全反射的条件。
重点：控制变量法的应用，理解加速度、力与质量之间的关系。
难点：应用控制变量法实验探究加速度、力与质量之间的关系，如何平衡摩擦力。
上述示例中，有加点的语言可以作为撰写格式进行套用。

五、教学方法与学习方法

为实现教学目标，教学中主要以中学物理新课改理念作为基本理论，以情境为依托、以实验为基础、以问题为载体，围绕教学重难点合理选择教学方法与学习方法，以便更好地突出重点，突破难点。但是要注意的是教学有法，但教无定法，各种教学方法的优化组合与教师的教学经验，尤其是教学展开和实施过程中的掌控能力密切相关。一节课可以选择多种教学方法与学习方法配合使用，比如教法可以选择探究式教学法、演示实验法、启发讲授法等，学法可以选择合作学习法、观察法、讨论法等。但是教学要突出"以学生为主体，教师为主导"理念。

六、物理教学过程的设计

1. 教学流程图设计

教学流程图设计主要展示教学思路的整体设计，包括教的环节、怎么教、教的意图等教学主线设计。例如，高中物理"全反射"一节的教学流程图如图5-3所示。

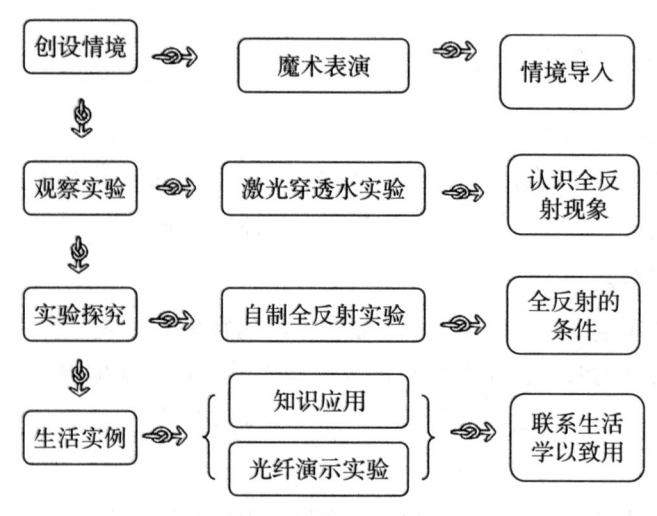

```
创设情境 ⇒ 魔术表演 ⇒ 情境导入
   ⇓
观察实验 ⇒ 激光穿透水实验 ⇒ 认识全反射现象
   ⇓
实验探究 ⇒ 自制全反射实验 ⇒ 全反射的条件
   ⇓
生活实例 ⇒ { 知识应用 / 光纤演示实验 } ⇒ 联系生活学以致用
```

图 5-3　高中物理"全反射"一节的教学流程图

2. 教学过程设计

教学过程设计的格式上要保证一、二、三级标题的有序规范编号与各级标题的准确归纳，归纳的标题可以是过程性标题，也可以是知识性标题。但要注意在整个教学过程中标题格式要统一、规范。教学过程设计采用表格式，如表 5-1 所示。

表 5-1　教学过程设计模板

教学环节	教师活动	学生活动	设计意图
新课导入	【创设情境】××××。 【设置悬念】××××？		
新课教学	采用一、二、三级目录格式，各级标题归纳提炼简洁，主题明确，具体可以参考下文模板。	教师引导下观察、思考、回答、讨论、记录、分析、归纳等活动内容预设。	简单阐述教师为什么这么设计？围绕该教学环节的设计理由、设计依据、设计目的等内容进行撰写。
巩固应用	先进行导入揭秘，再选择实际应用类问题解析。		
小结与作业	先做课堂小结，再布置必做或选做作业。		

新课教学教师活动部分的参考模板有：

◎模板一

一、××××

1. ××××

（1）××××。

①××××。

◎模板二

任务一：××××

1. ××××

(1) ××××。

①××××。

◎模板三

一、××××概念的建立

【演示实验】××××。

【现象分析】××××。

【实验结论】××××。

◎模板四

一、××××概念的建立

【演示实验】××××。

【现象分析】××××。

【实验结论】××××。

二、实验探究×××

【物理情境】××××。

【提出问题】××××。

【猜想与假设】××××。

【设计实验】××××。

包括：器材介绍、实验步骤、数据记录表等。

【进行实验与收集数据】××××。

【数据处理】××××。

【分析论证】××××。

【归纳结论】××××。（板书）

但是需要注意的是，教师资格考试中，教学设计题只是针对一部分知识进行教学设计，所以新课教学部分的模板应做相应的调整，可参考如下模板进行撰写。

一、提出问题

二、猜想与假设

三、设计实验

1. 器材介绍

2. 实验步骤

3. 数据记录表

……

四、进行实验与收集数据

五、数据处理

六、分析论证

七、归纳结论（板书）

导入内容设计要求：创设立意新颖，能制造认知冲突，产生迷惑性的情境，激发学生学习兴趣、求知欲望，调动学生主动参与课堂的积极性。教师可以利用自制教具进行魔术表演，利用演示实验等进行创新导入；也可以播放与授课主题相关的学生身边的生活现象视频导入；还可以游戏、物理故事等进行导入。导入方式非常多，但是注意情境导入应设置有悬念的问题。

探究式教学是落实核心素养目标的重要方式，能让学生像科学家一样学习，因此，在教师资格考试、招聘考试中采用探究式教学比较容易获得高分。备考须知探究式教学具体可以分成三类：

第一类，用教师演示实验进行教学。探究过程至少包括教师实验演示和提出问题、学生猜想与假设、教师引导分析和归纳结论等环节。

第二类，用学生探究性实验进行的教学，探究过程至少应该包括提出问题、猜想与假设、设计实验、进行实验、收集数据、分析论证、归纳结论、实际应用等环节。

第三类，利用学过的知识进行逻辑推理的理论探究教学。探究过程至少包括提出问题、建立物理情境、合理推测、复习旧知、数学推导、概括结论、实际应用等环节。

不管是哪一类探究式教学，教师要通过创设情境，进行引导铺垫以后再提出问题。关于猜想，教师要通过帮助学生复习已经具有的相关联知识或经验，进行引导后才让学生去合理猜想出可能性结果。关于分析，教师要引导学生在数据处理的基础上进行一系列的理论分析，归纳出物理规律。

实际撰写中，常见问题要做到心中有数，防止不必要的丢分。比如，很多同学的猜想是教师提出问题，学生直接回答，属于瞎猜；让学生观察并记录数据，但是教学过程没有数据记录表；让学生分析，却没有见到分析过程；让学生讨论推导，却没见到推导的过程；教师提问部分缺乏引导，由于提问的数量和梯度都不够，无法达到引导的目的。此外，要取得高分，还要注意书写工整，字迹清晰，标点符号正确使用，尤其是教师的提问应该用问号。

七、板书设计

对于中学生来说，板书设计非常重要，板书设计能帮助学生形成完整的知识结构体系，同时便于学生笔记和课后复习，防止遗忘。板书设计可以采用有明确一、二级目录的纲要式板书，也可以采用能够展现知识建构过程的思维导图式板书。

八、教学过程设计参考案例

1. "全反射"参考案例

"全反射"教学过程设计如表 5-2 所示，该案例由重庆市合川中学方承勋老师提供。

表 5-2 "全反射"教学过程设计表

教学环节	教师活动	学生活动	设计意图
新课导入	1. 魔术贺卡导入 演示实验一 表演欢庆国庆魔术，凭空出现我爱中国四个字。（将红色卡片放入水中出现字） 提问：这是什么原理呢？	观察魔术表演 疑惑 好奇	激发学生学习兴趣和求知欲，引出今天的课程主题。 提高学生民族自豪感。

续表

教学环节	教师活动	学生活动	设计意图
新课讲授	2. 认识全反射现象 演示实验二 现场展示激光穿水的实验，用手机投屏功能实现用手机将实验现象实时投屏，在电子白板上，让学生可以观察得更清楚。步骤如下： 提问：激光能穿透水吗？ ①学生回答后展示激光可以穿透水的情况。 ②此时改变激光笔角度，激光笔不会穿透水，而是反射回来。 ③引导学生观察这种现象，总结现象特点，提出全反射的概念。 ④介绍全反射的相关物理学史，科学家开普勒曾利用实验发现了全反射现象的存在。 提问：全反射是不是任何时候都会发生，如果不是，发生的条件是什么？ 引导学生观察两种现象并寻找不同点，可以提示学生观察入射光线，寻找影响全反射的因素。	观察实验现象 惊讶 疑惑 好奇 思考原因，思考教师的问题并总结现象的规律，得出全反射的特点。 回答教师问题，根据生活经验和两种现象的不同，得出全反射并不是任何时候都会发生。并思考发生的条件。 根据观察发现两种现象入射角不同，提出猜测：可能入射角是全反射的影响因素。	让学生直观地观察实验现象，提高学生学习热情，活跃课堂氛围，提高学生的物理兴趣，体现出物理来自生活的特点。 帮助学生建立全反射的物理模型，认识全反射现象。 通过学生猜测，引出下一个教学环节，用实验来探究全反射条件。

续表

教学环节	教师活动	学生活动	设计意图
新课讲授	3. 探究全反射的条件 实验探究一 ①提供自制教具（由激光笔、刻度圆盘、半圆形玻璃砖组成），引导小组讨论、思考、设计实验来验证猜想。 ②根据小组的讨论情况，指导大家交流意见，选择其中可行的方法，请学生主动为大家操作实验仪器，其他同学观察实验。 ③引导学生观察，激光从玻璃射入空气时，当入射角达到某一角度时折射光线会消失，提出临界角的概念。 ④引导学生小组讨论实验现象所能得到的结论。 指导学生交流讨论，与学生一起总结出发生全反射的第一个条件。 条件一：入射角需要大于等于临界角。 再次提问：是不是只要满足这一个条件就能发生全反射？	思考用什么方法可以验证入射角跟全反射的关系。 主动举手将自己的想法表达出来。 主动参与实验或者认真观察实验现象，并自主思考，总结规律。 小组之间讨论，在教师的指导下得出全反射的第一个条件。 思考教师提出的问题，是不是只要满足第一个条件就能发生全反射。	提高学生动手能力、合作交流能力、独立思考和分析能力。 引导学生自主探究，能帮助学生更加深刻地认识全反射。 培养学生科学、严谨、实事求是的科学态度。

续表

教学环节	教师活动	学生活动	设计意图
新课讲授	实验探究二 根据学生的回答，引导学生把激光从空气射入玻璃，再一次来进行实验。 ①重复刚才的步骤，引导学生发现光从空气射入玻璃并不会发生全反射，此时提问：光和玻璃有什么不同点？引导学生从折射率的角度考虑问题。 ②再引导学生讨论思考，发现只有从折射率较大的介质射入折射率较小的介质才可能会出现全反射。 ③提出光疏介质和光密介质的概念。与学生一起将第二个条件归纳为：光从折射率较大的介质射入折射率较小的介质。 提问：发生全反射需要满足哪些条件呀？ ①总结全反射的条件。 提问：为什么会出现全反射，我们可不可以利用光路图来分析全反射呢？大家试一下吧！ ②引导学生用光路图分析全反射，然后对学生进行指导。 ③引导学生得出结论：光从光密介质射入光疏介质时，折射角大于入射角，增大入射角，折射角会先增加到90°并且消失，此时的入射角就是临界角。而光从光疏介质射入光密介质，折射角小于入射角，不会出现全反射。 ④引导学生得出全反射的完整定义。 4. 推导临界角。 提问：我们知道不同介质之间出现临界角大小不同，那我们可以根据其他数据计算临界角吗？ 引导学生用折射定律公式推导出临界角表达式 $\sin C = 1/n$。	认真观察第二个演示实验，发现并未出现全反射现象。根据现象自己独立思考原因。 通过同学间的讨论、教师的引导，发现只有从折射率较大的介质射入折射率较小的介质才会发生全反射。 回顾刚才的探究，回答全反射的条件。 思考并用光路图去分析全反射。 在教师的引导下，自己利用折射定律推导出临界角表达式。	通过学生自主探究、观察与讨论，帮助学生对全反射条件进行认识。 巩固复习刚得到的结论。 熟悉折射定律公式的使用。

续表

教学环节	教师活动	学生活动	设计意图
巩固应用	5. 揭秘魔术贺卡 ①红色的字写在了塑料袋上，因为卡片是红色的，不仔细看，看不出来，而放入水中，在一定角度时，从卡片上反射回来的光由于全反射不能进入我们的眼睛，所以我们看不见卡片。 ②请学生与自己一起展示光导纤维的导光作用。 应用： 提问：生活中还有没有其他应用？ ①引导学生用全反射的知识解释光导纤维、全反射棱镜的光路原理。 ②总结学生提出的应用，并做一些补充：双筒望远镜、光纤通信、自行车反光片、内窥镜、荷叶上的水珠闪闪发光、水中的气泡很明亮、钻石等。	观看光导纤维的效果。 尝试用所学知识去解释现象。 思考生活中的全反射应用，并尝试解释。	帮助学生认识全反射。 提高课堂氛围。 提高学生民族自豪感，激发学生对物理的学习兴趣。 体现了物理来自生活，又作用于社会的特点。

续表

教学环节	教师活动	学生活动	设计意图
小结与作业	总结本节课所学内容。 让学生课后寻找生活中的全反射现象和应用。	回顾本节课知识。	复习巩固知识。

(二)"内能"参考案例

"内能"教学过程设计如表 5-3 所示,该案例由云南省曲靖市会泽县实验高中大成中学李文全老师提供。

表 5-3 "内能"教学过程设计表

教学内容	教师活动	学生活动	设计意图
新课引入	趣味导入 【实验器材】矿泉水瓶。 【"瓶子炮"表演】教师用矿泉水瓶自制"瓶子炮"并发射,瓶口产生"白雾"。 【设置悬念】"白雾"是从哪里来的?	学生观看"瓶子炮"发射。 讨论、交流、猜测"瓶子炮"产生"白雾"的秘密是什么。	激发学生的学习兴趣和求知欲望,使被动式学习变成学生想学,那接下来的学习将会事半功倍。

续表

教学内容	教师活动	学生活动	设计意图
新课教学	**实验探究** 一、温故知新 【提问】前面咱们学习了分子的热运动，分子热运动的主要内容是什么？ 相似类比、总结归纳 物体动能到分子动能的过渡 类比1：如图1所示，宏观物体运动时具有动能，那么分子无时无刻不在做无规则运动，也具有动能。 （分子动能） 图1 类比2：弹簧被拉伸或者压缩具有了弹性势能，那么分子之间存在引力和斥力也就具有了弹性势能。 （分子势能） 图2 【结论】构成物体的所有分子，其热运动的动能与分子势能的总和，叫作物体的内能。内能的单位是焦耳（J）。 二、内能和机械的区别 【提问】 ①机械能和内能有什么区别？ 机械能与整个物体的机械运动情况有关，内能与物体内部分子的热运动和分子间的相互作用情况有关，所以内能是不同于机械能的另一种形式的能。 ②想一想，冰山有内能吗？ 因为物体的分子都在不停地做无规则运动，所以一切物体都具有内能。冰山也不例外。	小组讨论交流。得出有关"热"的能量的差异的本质是分子运动情况的不同。 学生对比理解，分子虽小但也具有能量。 思考、联想、类比、理解。以小组为单位，学生积极参与活动。 学生思考，并回答教师提出的问题。 小组讨论。 从宏观现象推理出微观机制，再从微观理论推出宏观表现，思考内能改变的外在表现。	"类比"理解是物理教学时，遇到较抽象的概念时常用的一种方法，是感性认识迈向理性认识的好方法，适合初中学生的思维特点，也间接地告诉学生有意识地培养理性思维的方法，为高中继续学习更加抽象的概念做铺垫。 给出内能的定义至关重要，为以后规范的表述内能和分析内能的变化做好铺垫。

教学内容教师活动	学生活动	设计意图
三、物体内能的改变 （一）温度与同一物体内能的关系 想一想，根据你所掌握的知识，如何判断同一物体内能是否发生了变化。 （1）小组讨论：内能大小变化表现在哪？ （2）讨论结果：温度越高，分子运动越剧烈。 物体温度升高，表明分子运动速度加快，意味着内能增加。	学生尝试总结。	重点强调内能和机械能的区别，强调分子能量。防止学习困难的学生混淆概念。
（二）改变物体内能的方法 1. 分组实验并讨论 [想一想 做一做] 你怎样让一段 50 cm 的铁丝温度升高呢？ ①请各组说出使物体温度升高的方法，教师一一板书。 ②让学生对各组的方法进行评价，提出怀疑。 ③引导学生将方法归类。 引导学生共同总结出使铁丝温度升高的方法：用火焰加热、太阳晒、用手搓、用手焐、踩在脚下用力一拉、用锤子不断敲击、反复弯折等。	小组讨论并实践提高铁丝温度的方法。交流、讨论，尝试归类。提出使铁丝温度升高的方法。初步明确物体温度升高的方法。	给学生搭建平台，学生在活动过程中充分发散思维，在已有经历的基础上，对感到质疑的问题，具备动手实验验证的意识。
2. 改变物体内能方法：热传递 ①让学生讨论热传递发生的条件。 ②提出"热量"的标准物理概念。 ③热传递：实验演示。 	思考、讨论，并回答。 注意聆听教师讲解"热量"的概念。	通过学生生活经验，归纳出提高温度的一般方法。提高学生的归纳能力。
3. 改变物体内能方法：做功 ①做功：演示实验 A。 	观看教师演示实验 A。	分组验证实验，教师演示，归纳出提高温度的一般方法。提高学生的归纳能力。

（新课教学）

续表

	教学内容教师活动	学生活动	设计意图
新课教学	②演示实验 B。 实验 B 既要让学生看，还要做。教师要让两组同学来做这个实验，第一次粗做，第二次细做。详细描述实验现象和体验到的感受。 （三）两种方式改变内能的本质 让学生从能量转化角度分析这两种方式的本质。 引导学生总结： ①一切物体都有内能；内能大小不仅和物体温度有关，还和质量、物态、体积等因素有关。 ②注意区分宏观的机械运动和微观的分子热运动。 ③改变内能的方式有两种：热传递是能量转移，做功的本质是内能与机械能的相互转化。做功和热传递改变物体内能是等效的。	两个学生合作，演示实验 B。 再次体验实验 B，注意对实验细节的观察。 学生从能量转化角度，分析改变内能的两种方法的本质。 学生总结。	B 实验之所以要重复做两次，主要是提示学生观察要仔细，对事物变化的观察要到位，要关注细节，第一次做该实验的同学，实际充当了教学的反例。 提高学生的归纳总结能力。
课堂小结	学以致用 一、内能的应用——热机 教师展示一组图片，其中一个加热试管中的水，内能做功，由内能转化为机械能，与内燃机把内能转化为机械能的原理一样。 二、内能的应用——钻木取火 观看印第安部落居民用钻木取火点燃木柴的视频，该过程利用了做功改变物体内能的原理。 三、内能的应用——哈气暖手 天冷的时候，人们常常用哈气的方式暖手，人哈出来的气体的温度相对于冷天的手的温度更高，热量从哈出来的气体传到了手上，发生了热传递。因此哈气暖手的本质是热传递改变物体的内能。	认真听讲，利用所学知识解释生活现象。	领域中相似现象的类比科学思维方法，由物理实验室走向生活运用。 培养学生理论联系实际，利用所学知识分析解释实际问题的能力。
知识应用			
课后作业	1. 用本节课所学解释钻木取火、热机、摩擦生热等生活实例的原理； 2. 结合本节课知识，请你对防治温室效应提出建议。	学生认真完成课后作业。	通过练习，深化对内能概念的理解。理论联系实际，体现物理源于生活，归于生活的教学理念。

九、备考指南

1. 片段教学设计

在教师资格考试中，片段教学设计题主要考查的是实验片段教学设计，答题格式为师生对话式，教学设计的基本思路是以题目展示的演示实验或图片为载体，教师演示实验，通过设问引导学生分析实验现象，通过引导学生讨论分析归纳出新知识。

答题参考格式如下：

教师：提出问题。

组代表1：（小组讨论）提出猜想。

教师：夸学生＋演示实验＋提问学生看到什么现象。

学生1：正确描述现象。

教师：夸学生＋提问现象发生原因。

学生2：正确分析原因。

教师：夸学生＋引导分析＋提问能归纳出什么结论。

学生3：描述结论，学生的语言表达不必完全正确。

教师：激励性评价＋正确结论。

2. 完整教学设计

完整教学设计所占分值比例大，难度偏高。考生重点要把握得分关键点。

第一，保证教学设计格式规范。宜采用表格式，保证一、二、三级标题提炼准确，能提供清晰的教学思路。模板可参考教学过程设计模板，新课教学部分可重点参考模板四进行。

第二，保证教学设计有亮点。导入部分新颖，新课教学部分能找到明显的探究式教学特征，有数据记录表，有分析归纳结论的过程，有小组讨论，这些可以作为教学设计的亮点，是评分时的加分项。

但是值得考生注意的是，以上关键得分点更多的是形式上的，最为核心的还是考生要熟悉中学物理教材，掌握物理知识，掌握新课程标准理念，落实核心素养目标。切不可以主次颠倒，本末倒置。

◎典型例题

【例题】以初中物理"杠杆"为例，简述三种新课导入的方法。

【解析】（1）图片导入：用多媒体展示古代埃及金字塔的图片，引导学生思考古埃及人在没有现代工具的条件下是如何搬运重达200多吨的石块的，经过短暂的讨论之后，教师展示古埃及的人们利用杠杆搬运石块的图片，引导学生猜想杠杆的工作原理是什么，由此进入新课教学。

（2）游戏导入：让班级内力气最大的男生和力气最小的女生到讲台上比赛捏粉笔头。比赛的形式是男生空手捏粉笔头，女生用钳子夹粉笔头。比赛的结果是男生没有捏碎粉

笔头，女生用钳子夹碎了粉笔头。教师提问为什么力气小的女生能夹碎粉笔头，学生回答女生用的钳子是简单机械，可以省力，教师展开新课。

（3）物理学史导入：教师引用古希腊学者阿基米德的一句名言"给我一个支点和一根足够长的硬棒，我就能移动地球"提问学生：阿基米德为什么用硬棒就能移动地球？学生思考，教师讲述阿基米德所用的硬棒实际上是杠杆，由此进入新课。

【例题】阅读材料，根据要求完成教学设计。

阅读材料，根据要求完成教学设计。

材料一　《普通高中物理课程标准（2017年版2020年修订）》中关于"电磁感应现象"的内容标准为："通过实验，了解电磁感应现象，了解产生感应电流的条件。知道电磁感应现象的应用及其对现代社会的影响。"

材料二　高中物理某教科书中关于"磁生电"的部分内容如图5-4所示。

图5-4

材料三　教学对象为高中二年级学生，已学过电磁场的相关内容。

（1）感应电流产生的条件是什么？

（2）根据上述材料所给内容，完成"电磁感应现象"的教学设计。教学设计要求包括教学目标、教学重点、教学过程（要求含有教师活动、学生活动、设计意图等）。

【解析】

（1）感应电流产生的条件是穿过闭合回路的磁通量发生变化。

（2）教学设计如下：

电磁感应现象

一、教学目标

1. 知道磁通量的概念、电磁感应现象及产生感应电流的条件，能解释电磁感应的相关现象。

2. 在实验探究中形成观察、分析、归纳的科学思维能力。

3. 通过实验探究产生感应电流的条件，学会科学研究物理问题，养成与他人合作的习惯。

4. 体会电磁技术应用对人类生活和社会发展带来的影响，体验人类对自然界的认识是不断发展的,养成学科学、用科学的积极态度。

二、教学重难点

教学重点:掌握产生感应电流的条件。

教学难点:实验探究产生感应电流的条件。

三、教学过程

教学环节	教师活动	学生活动	设计意图
环节一:新课导入	播放无线充电的视频,突出问题,无线充电如何实现?	观察,思考。	激发学生学习欲望,培养学生学习兴趣。
环节二:旧知回顾	回顾初中知识"闭合回路的一部分在磁场中做切割磁感线运动时,回路中就会有感应电流产生",提出本质问题:"感应电流产生的条件是什么?"	回想所学知识,思考。	"温故而知新",不仅帮助学生回顾所学知识,并且这样的问题设置使探究目标更为显性化。
环节三:演示实验	引入常用的经典实验,教师进行演示。观察向线圈中插入、拔出磁铁,磁铁静止在线圈过程几种情况。引导学生得出猜想"是否只有发生相对运动才会产生感应电流?"	观察,思考,得出猜想。	更好地培养学生细致观察、交流讨论、严密推理、逻辑思维等综合能力。
环节四:探究实验	(1) 给学生提供实验器材,让学生分小组模仿法拉第实验,填写实验数据,分享实验数据,一起交流讨论,概况总结。	小组合作,探究交流,得出实验数据,分析概括,得出结论。	培养学生的实践操作能力、观察能力、分析归纳能力,培养学生树立乐于探究、积极参与的团队精神。
	(2) 闭合回路的一部分在磁场中做切割磁感线运动。实验结论归纳为:闭合电路的"面积"发生变化,回路中产生感应电流。	观察,思考。	得出闭合电路的面积发生变化,回路中产生感应电流。
	(3) 展示向线圈中插入磁铁和把磁铁从线圈中拔出的实验,借用课件动画演示磁铁移动时,线圈所在处的磁感应强度的变化,经分析得到:磁感应强度 B 发生了变化。	观察,思考,分析归纳。	得出:穿过闭合电路的磁感应强度发生变化,回路中产生感应电流。
	(4) 模仿法拉第实验,根据探究结果可看出:线圈 A 电流变化—线圈 A 磁场变化—线圈 B 产生感应电流—线圈 B 磁通量变化。	思考,概括。	对比实验,归纳得出:穿过闭合电路的磁感应强度变化,回路中产生感应电流。
	(5) 闭合回路在磁场中的面积 S 发生变化,或闭合回路中的磁感应强度 B 发生变化,回路中都会产生感应电流。闭合导体回路的面积和垂直穿过它的磁感应强度的乘积叫作磁通量。引出磁通量描述感应电流的产生条件,即感应电流产生的条件就是通过闭合回路的磁通量发生变化。	思考,理解。	得出本节课的重点:感应电流产生的条件。

续表

教学环节	教师活动	学生活动	设计意图
环节五：解决问题	让学生利用所学知识解释无线充电是如何实现的。	思考，回顾。	从问题出发，最终解决问题，让学生体会到科学探究的快乐。
课堂小结与课后作业	采访学生进行课堂小结，作业为教材课后习题1、3、7题。		

◎达标检测

"第五章 教学设计"达标检测

检测范围：教学设计

（时间：90分钟 满分：100分）

一、**简答题**（每小题10分，共30分）

1. 简述学习密度这类用比值定义法定义的物理量应该注意的问题。（10分）

2. 物理演示实验教学，通常要求演示与讲解相结合。举例说明课堂上教师如何实现演示与讲解相结合这一要求。（10分）

3. 三峡水电站是当今世界上最大的水力发电站，图5-5所示是某初中物理教材中给出的素材，是图片教学资源。除了三峡水电站之外，当今我国在世界科技领域有影响的成果还有很多，写出其中三个成果，并简述该类教学资源的教育价值。（10分）

图5-5

二、**教学设计题**（第1、2题每题10分，第3、4题每题25分，共70分）

1. 阅读材料，根据要求完成教学设计。

材料：如图5-6所示为高中物理某教科书一节中"光的干涉"的实验。

3 光的干涉

问题

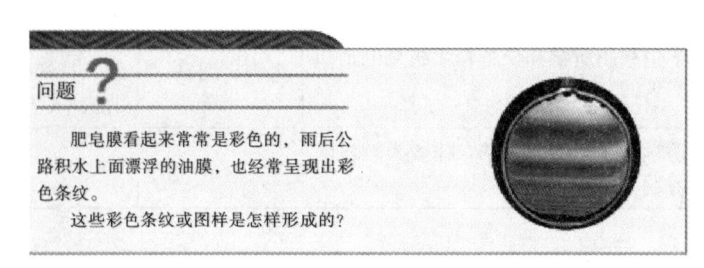

肥皂膜看起来常常是彩色的，雨后公路积水上面漂浮的油膜，也经常呈现出彩色条纹。

这些彩色条纹或图样是怎样形成的？

图 5-6

任务：

设计一个教学片段，向学生简单介绍光的干涉现象。（10分）

2. 阅读材料，根据要求完成教学设计。

材料：如图 5-7 所示为高中物理某教科书"向心力"一节的思考与讨论。

图 5-7 研究小球所受合力的方向

任务：设计教学片段，向学生介绍向心力。（10分）

3. 阅读材料，根据要求完成教学设计。

材料一 《普通高中物理课程标准（2017年版 2020年修订）》关于"超重与失重"的内容要求是："理解牛顿运动定律，能用牛顿运动定律解释生产生活中的有关现象、解决有关问题。通过实验，认识超重和失重现象。"

材料二 高中物理某教材中关于"超重与失重"的部分内容如图 5-8 所示。

> **超重和失重**
>
> 人站在体重计上向下蹲的过程中，为什么体重计的示数会变化呢？
>
> 体重计的示数称为视重，反映了人对体重计的压力。根据牛顿第三定律，人对体重计的压力与体重计对人的支持力 F_N 大小相等，方向相反。
>
> 如图 4.6-1，选取人为研究对象。人体受到重力 mg 和体重计对人的支持力 F_N，这两个力的共同作用使人在下蹲的过程中，先后经历加速、减速和静止三个阶段。
>
> 图 4.6-1

图 5-8

材料三 教学对象为高中一年级学生，已学过匀变速直线运动以及牛顿运动定律。

任务：

（1）简单描述超重与失重现象。（5分）

（2）根据上述所给材料，完成教学设计。教学设计要求包括教学目标、教学重点、教学过程（要求含有教师活动、学生活动、设计意图，可以采用表格式或叙述式等）。（20分）

4．阅读材料，根据要求完成教学设计。

材料一　《普通高中物理课程标准（2017年版 2020年修订）》中与"实验：探究加速度与力、质量的关系"相关的内容标准为"通过实验，探究物体运动的加速度与物体受力、物体质量的关系"。

材料二　高中物理某教科书为"实验：探究加速度与力、质量的关系"设计了如图5-9所示实验。

用阻力补偿法探究加速度与力、质量的关系

实验装置如图4.2-2所示。把木板的一侧垫高，以补偿打点计时器对小车的阻力及其他阻力。调节木板的倾斜度，使小车在不受牵引时能拖动纸带沿木板匀速运动。将槽码、小车、打点计时器、纸带安装好。通过改变槽码的个数可以成倍地改变小车所受的拉力，与此相对应，处理纸带上打出的点来测量加速度。

保持小车受的拉力不变，通过增减小车中的重物改变小车的质量。处理纸带上打出的点来测量加速度。

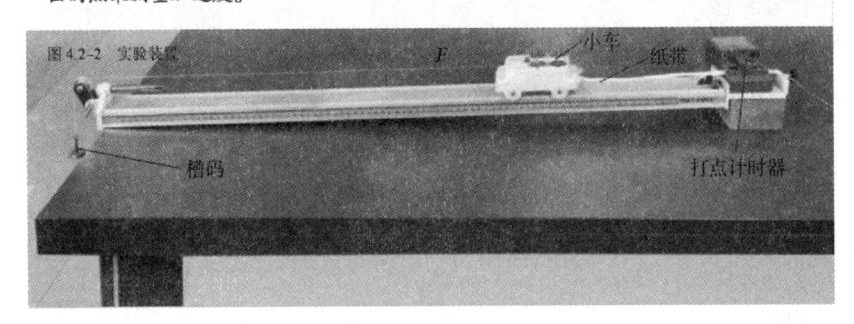

图4.2-2　实验装置

图5-9

材料三　教学对象为高中一年级学生，已学过牛顿第一定律的相关知识。

任务：

（1）简述牛顿第二定律的内容。（5分）

（2）根据上述材料，完成"实验：探究加速度与力、质量的关系"的学习内容的教学设计。教学设计要求包括教学目标、教学重点、教学过程（要求含有教师活动、学生活动、设计意图等）。（20分）

◎达标检测参考答案

一、简答题

1．比值定义法是运用两个物理量的比值定义一个新的物理量，这个物理量反映了事物的某种属性。在教学中,要按照比值定义法的逻辑,组织安排教学。

第一,类比生活中的事例,提出并强调比较要选取相同的标准。例如,在密度教学中,选取不同质量的水,虽然质量不同,但是物质的种类相同。

第二,引导学生利用控制变量法进行探究。例如,探究不同质量的同一物质,选取相同的体积时会如何。

第三,引导学生得出结论。例如,运用比值定义法定义密度的概念。

第四,让学生深化理解用比值定义法新定义的物理量的内涵和外延。例如,让学生练习测量不同物质的密度,比较各种物质密度的大小。

2. 演示是为了让学生更加直观地了解实验过程及器材的使用方法,讲解则是说明实验注意事项以及方法。

例如"探究压力作用效果影响因素的实验",通过演示让学生了解实验的过程,直观地看到实验现象,总结结论,初步体会实验中的科学方法;讲解则是由教师向学生说明控制变量法的实验方法及实验中的注意事项,并运用专业的语言对学生的发现进行总结和规范。

3. 北斗卫星导航系统、5G技术、超级计算机。

该类教学资源的教育价值体现为对物理知识的理解,明确了物理知识的实用性,同时对学生的社会责任感与民族自豪感有强大的推动作用,更能激发学生报效祖国,投身科技事业的爱国情感。

二、教学设计题

1. 师:(教师展示实验装置)大家来描述一下实验器材吧。

生:一个光源,第一个屏上只有一个缝,而第二个屏上有两个缝,后面是一个光屏。

师:现在老师打开光源,那么平行光经过两个屏后能在光屏上看到什么?

生:条纹。

师:这些条纹有什么特点?

生甲:明暗相间。

生乙:宽度几乎一样。

师:对,这就是双缝干涉实验产生的干涉图样。谁能来总结一下呢?

生丙:双缝干涉实验产生的干涉图样的特点是明暗相间、粗细均匀、间隔相等的条纹。但是肥皂泡上的干涉现象看起来和这有些不同啊,是否所有这些现象的原理都是一样的?

师:这个问题大家当作课后作业吧!我们在下节课来进行讨论。

生:好。

2. 师:我们已经知道,力是改变运动状态的原因,也是产生加速度的原因。做圆周运动的物体速度方向时刻改变,所以,一定有加速度,也一定有合力。那么,做匀速圆周运动的物体,它所受的合力有什么特点?我们一起来感受一下。

PPT展示实例:光滑桌面上一个小球由于细线的牵引,绕桌面上的图钉做匀速圆周运动。

师：请问小球受到什么力的作用？这几个力的合力可能沿什么方向？

生：小球受到重力、支持力和指向图钉的拉力，合力指向图钉。

师：非常好。通过圆周运动的实例，我们可以发现什么？

生：做圆周运动的物体受到指向圆心的力。

师：不错，由此我们可以得出做圆周运动的物体都会受到指向圆心的力。大量实例都表明：做匀速圆周运动的物体所受的合力总指向圆心。这个指向圆心的力就叫作向心力。

3.（1）物体对支持物的压力（或对悬挂物的拉力）大于物体所受重力的现象称为超重现象。物体对支持物的压力（或对悬挂物的拉力）小于物体所受重力的现象称为失重现象。（5分）

（2）教学设计如下：

超重与失重

一、教学目标

1. 知道超重与失重现象，会判断超重、失重的条件。

2. 能对问题进行分析和推理，获得结论，能从不同角度解决问题，具有质疑和创新的意识。

3. 经历探究产生超重与失重现象条件的过程，理解物理规律在生活实际中的应用。

4. 了解物理与生活的紧密联系，养成运用物理知识解决生活中实际问题的良好习惯。

二、教学重难点

教学重点：认识超重与失重现象。

教学难点：超重与失重条件的判断。

三、教学过程

教学环节	教师活动	学生活动	设计意图
环节一：新课导入	播放宇航员在太空的生活视频，放映与超重失重有关的图片。提出问题：什么是超重（失重）现象？什么情况下会发生？它的实质是什么？	观察，思考。	播放我国宇航员的太空授课视频，激发学生学习欲望，培养学生学习兴趣。
环节二：温故知新	首先提出问题：重力是怎么产生的？我们平时怎么测量重力？进而引导学生回答，用测力计直接测量。或者先用天平测量物体的质量，再得到物体重力。并和学生讲解，其实这就是运用了牛顿第二定律。	回想所学知识，思考。	"温故而知新"，不仅帮助学生回顾所学知识，并且为接下来的知识点奠定基础。
环节三：演示实验	让学生上台做一个演示实验，一开始让学生静止站在体重计上，观察体重计示数，然后让学生经历加速下蹲、减速下蹲过程，整个过程观察体重计示数。并提出问题：体重计示数变化的原因是什么？	体验，观察。	更好地培养学生细致观察，独立思考能力。

续表

教学环节	教师活动	学生活动	设计意图
环节四：分析归纳得出结论	体重计的示数称为视重，反映了人对体重计的压力。选取人为研究对象，人体受到重力 mg 和体重计对人的支持力 F_N，这两个力的共同作用使人在下蹲的过程中，先后经历加速、减速和静止三个阶段。 1. 根据牛顿第三定律，当人相对于体重计静止不动时，人对体重计的压力与体重计对人的支持力大小相等、方向相反。 2. 设竖直向下方向为坐标轴正方向。人加速向下运动的过程中，根据牛顿第二定律，有 $mg-F_N=ma$，$F_N=m(g-a)<mg$，即体重计的示数所反映的视重（力）小于人所受的重力。物体对支持物的压力（或对悬挂物的拉力）小于物体所受重力的现象，叫作失重现象。 3. 同理，人减速向下运动的过程中，加速度方向与运动方向相反，有 $mg-F_N=-ma$，$F_N=m(g+a)>mg$，此时，体重计的示数大于人受到的重力。物体对支持物的压力（或对悬挂物的拉力）大于物体所受重力的现象，叫作超重现象。	思考，分析。 思考，回答。 思考，回答。	培养学生的观察能力、分析归纳能力，培养学生树立乐于探究、积极参与的团队精神。得出本节课的重点：超重和失重的概念、本质。 得出失重的概念及本质。 得出超重概念及本质。
环节五：应用提高	教师提问： 1. 超重和失重现象的产生和物体的速度有没有关系呢？ 2. 超重、失重是不是物体的重力改变了呢？	思考，并回答。与速度没有关系，不是实重改变，而是视重改变。	学以致用，巩固提高。

4．（1）牛顿第二定律：物体加速度的大小跟物体受到的作用力成正比，跟物体的质量成反比，加速度的方向跟合外力的方向相同。

（2）教学设计如下：

实验：探究加速度与力、质量的关系

一、教学目标

1. 了解加速度与力、质量的关系，能准确描述牛顿第二定律，掌握用数学表达式表达牛顿第二定律内容的物理观念。

2. 通过控制单一变量进行实验，学会控制变量法；在探究过程中，学会用列表法及图象法分析、处理数据；会应用牛顿第二定律分析和解决问题。

3. 经历探究加速度与力、质量关系的过程，归纳得出加速度与力、质量的关系，进而总结出牛顿第二定律。

4. 在探究过程中，了解人类认识自然规律的方法，感受物理学在认识自然上的深刻性，具有勇于探索的精神。

二、教学重难点

教学重点：控制变量法的应用，理解加速度、力与质量之间的关系。

教学难点：应用控制变量法实验探究加速度、力与质量之间的关系，如何平衡摩擦力。

三、教学过程

教学环节	教师活动	学生活动	设计意图
新课导入	复习旧知：教师带领学生回顾牛顿第一定律，分析物体不受力时物体的运动情况，再提出如下问题。 问题：当物体所受外力不为零时，物体会怎样运动？ 根据这一问题导入本节课课题。	聆听，思考	温故知新，设置疑问，导入新课。
新课教学	1. 提出问题 教师根据导入，回顾加速度的概念，提出问题：物体加速度的大小与什么因素有关？ 2. 猜想假设 教师引导学生根据生活经验分析实例： ①小汽车加速到 100 km/h 需要十几秒，而大货车却要慢得多。 ②赛车与小汽车质量相差不大，但赛车因为有更强大的发动机，所以能在 5 s 左右就能加速到 100 km/h。通过分析这两个例子得出猜想。 猜想一：加速度与质量有关，质量越大，加速度越小。 猜想二：加速度与物体受力有关，所受合外力越大，加速度越大。 3. 设计实验，制订计划 学生根据猜想，讨论应该如何设计实验才能证实自己的猜想，教师通过问题引导学生设计实验方案。 (1) 如何确定加速度与力的关系？ ①基本思路：保持物体质量不变，测量物体在不同力作用下的加速度，再分析加速度与力的关系。 ②数据分析：以加速度 a 为纵坐标，以力 F 为横坐标建立坐标系，描点绘图，进行分析。 (2) 如何确定加速度与质量的关系？ ①基本思路：保持物体受力不变，测量不同质量的物体在该力作用下的加速度，分析加速度与质量的关系。 ②数据分析：可以从简单的先入手，以加速度 a 为纵坐标、质量 $1/m$ 为横坐标，描点绘图，观察是否为过原点直线。 (3) 如何测量（或比较）物体的加速度？ ①如果物体做初速度为 0 的直线运动，可用刻度尺测位移，用秒表测时间，由公式 $a=\dfrac{2x}{t^2}$ 求出加速度。②可以利用打点计时器测量加速度。 (4) 怎样测量物体所受恒力？ 恒力 F 可以代表物体所受的合力，所以可以将放在平面上的小车受到的拉力当作合外力，因为存在摩擦力，所以要倾斜平面平衡摩擦力。 根据引导完成以上问题，确定实验方案。 4. 进行实验与收集证据 根据确定的实验方案进行实验，并记录数据。 5. 数据处理与分析 小组讨论，完成数据处理。 6. 分析归纳，得出结论	认真聆听，配合老师，思考探究，小组讨论，自主创新，设计实验，梳理思路，进行实验，记录数据，进行分析，归纳总结。	通过猜想、提问等，使学生具有探究意识。 教师安排学生根据确定的实验方案进行实验并巡回指导。 学生完成实验，收集数据。 师生共同讨论实验数据，回答上述问题并总结。 帮助学生增强动手能力，加深对知识的理解。

续表

教学环节	教师活动	学生活动	设计意图
巩固提升	分析实验中我们是用所挂槽码质量代替小车所受拉力,这样会引起怎样的误差?应该如何减小这种误差?	思考问题,梳理知识,巩固本节内容。	帮助学生整理实验思路,巩固课堂知识。
小结作业	师生共同总结本节课知识。 课后学生思考以下两个问题。 (1) 战斗机在作战前为什么要卸载副油箱? (2) 为什么大货车不能超载?	总结分析,思考问题。	加强学生对课堂内容的掌握和理解。

第六章 教学评价

第一节 学生学习行为反馈评价

◎**考纲提要**

一、能对学生的学习活动进行正确评价，促进学生的发展

二、能运用多样化的评价方法，激发学生的学习兴趣，帮助学生了解物理学习状况、养成良好的学习习惯、改进学习方法

◎**考点梳理**

一、学生课堂学习评价

在以学生为主体，教师为主导的物理课堂活动中，学生参与的物理学习过程教师常以实验观察、教师提问、讨论发言、分析归纳等过程载体进行，如何评价学生在这些物理学习活动中的学习表现呢？教师应该以新课程标准的评价理念为原则开展过程性评价。教师应认真研读《义务教育物理课程标准（2022年版）》和《普通高中物理课程标准（2017年版2020年修订）》，准确理解核心素养的内涵和学生的行为表现，准确把握评价的目的在于诊断学生在物理观念、科学思维、科学探究、科学态度与责任等方面的发展状况[1]，为改进学生的学习和教师的教学提供依据。

在教师资格考试中，教师应该对学生的回答和行为表现给予激励性评价，对学生存在的问题及时进行纠正。

教师对学生的发言和学习行为的评价可以参考以下方式。

针对思考问题，教师可以夸同学们思考认真。针对实验观察，教师可以夸同学们观察非常仔细。针对小组讨论，教师可以夸同学们讨论非常积极。针对教师提问，教师可以夸同学们回答非常准确。针对复习知识，教师可以夸同学们知识掌握得很牢固。针对

---

[1] 中华人民共和国教育部：《义务教育物理课程标准（2022年版）》，北京师范大学出版社，2022年，第45页。

猜想与假设，教师可以夸同学们猜想积极，能根据所学知识进行合理推测。针对动手实验，教师可以夸同学们动手能力非常棒，参与探究积极性非常高。

二、学生课后作业评价

学生课堂学习成效既要看学生在课堂上的表现，又要看学生课后作业完成的实际效果。教师根据学生的课堂和课后学习行为表现进行及时评价，进而设计与开展纠正学生知识理解不当或错误的教学活动，最终达到提高物理教学效果的目的。因此，教师要注重发挥作业评价的诊断功能，指导学生改进学习。教师资格考试通常以案例分析的形式出现，作答的过程中，需要考生指出学生作业中的错误，分析学生出现错误的原因，并能够设计一个帮助学生纠错的教学片段或教学方案。所以，考生要打牢物理专业知识基础，掌握中学物理相关知识的应用，重视答题的格式。答题格式分两类：一类是设计帮助学生纠错的教学片段，另一类是设计帮助学生纠错的教学方案。

第一类答题采用师生对话的方式进行。教师提问引导，学生回答，教师给予及时夸赞评价。

第二类答题类似说课，主要说清楚教学设计的主要环节，展示教师引导学生正确理解知识和运用知识的过程和问题预设等。

◎典型例题

【例题】 作业评价案例：下面是某学生对一道考试题目的解答。

题目：

小明提着重 50 N 的物体在水平地面上走了 10 m，然后沿着长 5 m、高 3 m 的楼梯走上二楼。在此过程中，小明对物体一共做了多少功？

解：设小明对物体做的功为 W，

$W = Fs = Gs = 750$ J。

答：小明对物体一共做了 750 J 的功。

问题：

(1) 简述该习题旨在帮助学生巩固的知识点。

(2) 请指出该学生解答中的错误，并给出正确解法。

(3) 请针对作业的错误设计一个教学片段或思路，帮助学生掌握正确分析和解决此类问题的方法。

【解析】 (1) 知识点：功的概念、做功的必要条件。

(2) 该学生的错误在于没有真正理解做功的必要条件，只是将力与物体经过的路程相乘，而忽略了"在力的方向上的距离"这一条件。

正确解法：

因为物体的重力为 50 N，根据二力平衡，得出拉力为 50 N，方向竖直向上。

在力的方向上移动的距离应该是竖直向上的，因而这一过程移动的距离是 3 m。

$W = Fs = Gh = 150$ J。

答：小明对物体一共做了 150 J 的功。

(3) 教学思路：该学生的错误主要在于没有正确理解功的概念。针对这一问题，要使学生理解功的概念，即功是作用在物体上的力与物体在力的方向上移动的距离的乘积。求一个力对物体做功时，一定要注意物体从一个位置移动到另一个位置所经过的单向路程是否与力在同一直线上。解题时，要先找到物体所受的力，然后找准物体从一个位置移动到另一个位置在力的方向上所经过的单向路程是多少，在此基础上，将二者相乘即可得到做功的多少。

【例题】案例：下面为一道物理习题和某同学的解答。

题目：

某实习教师准备探究某个灯泡的伏安特性曲线，所用器材如下。

1. 待测小灯泡一只：额定电压为 2.5 V，电阻为几欧
2. 电压表 V：量程约为 300 mV，内阻约为 3 kΩ
3. 电流表 A：量程约为 0.6 A，内阻约为 0.1 Ω
4. 滑动变阻器 R：最大阻值为 10 Ω
5. 电动势为 4.5 V 的直流电源一个，开关一个，导线若干

请根据所给器材的规格，完成下列内容：

(1) 设计能够比较准确测量阻值的实验电路；

(2) 根据小灯泡的伏安特性曲线（如图 6-1 所示），读出小灯泡的额定电流，计算小灯泡的额定功率。

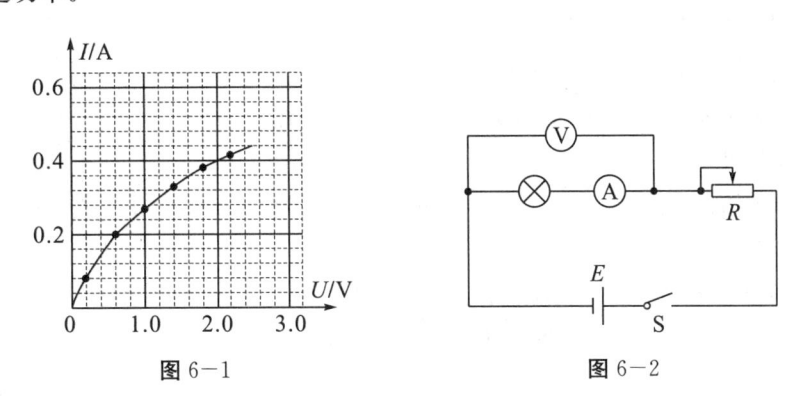

图 6-1

图 6-2

解：(1) 所给器材有电压表和电流表，可以用伏安法测量未知电阻的阻值，电路如图 6-2 所示。

(2) 根据小灯泡的伏安特性曲线（如图 6-1 所示），读出小灯泡的额定电流为 0.44 A，所以小灯泡的额定功率为 $P = 2.5$ V $\times 0.44$ A $= 1.1$ W。

问题：

(1) 指出该学生设计的电路存在的问题。

(2) 给出符合题目要求的实验电路图。

(3) 针对该学生电路图存在的问题，设计一个教学片段，帮助其正确分析和解决此类问题。

【解析】(1) 存在的问题：①因为作小灯泡的伏安特性曲线需要多组数据且能从零开始，所以滑动变阻器应采用分压式接法。图中为限流式接法，故错误。②因为灯泡的额定电压为 2.5 V，电阻为几欧，电流表电阻与灯泡的电阻相差不大，分压明显，所以电流表应该外接。图中为电流表内接，故错误。

(2) 符合题目要求的实验电路图如图 6-3 所示。

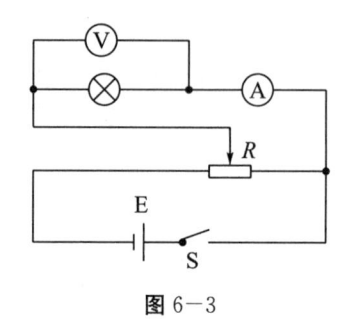

图 6-3

(3) 教学片段：

师：这道题我们要用到滑动变阻器，那么我们学过滑动变阻器的哪些接法呢？

生：分压式接法和限流式接法。

师：大家记得很牢固。那它们分别适用于哪些情况呢？

生：一般选用限流式接法。但以下情况要用分压式接法：滑动变阻器阻值范围较小，电流和电压的取值需要从零开始，电表量程较小。

师：非常好，那么，电流表内接还是外接应该按照什么标准来进行选择呢？

生：当被测电阻远大于电流表内阻时，电流表内接；当被测电阻与电流表内阻相差不多时，电流表外接。

师：大家理解很准确，真是太棒了。本题滑动变阻器应该采用什么接法？电流表应该内接还是外接呢？

生：电流和电压的取值需要从零开始的时候，应采用分压式接法；电流表电阻与灯泡的电阻相差不大，分压明显，所以电流表应该外接。

师：分析得很好，今后在设计电路图的时候大家也要注意，根据实际情况选择不同的接法，满足实验的要求。

【例题】设计帮助学生理解超重与失重概念的教学方案或教学思路。

【解析】引入阶段：通过观看过山车和蹦极的视频以及生活中的例子调起学生的兴趣。由于在教材中没有涉及相关实验，所以我会自制实验教具来突出重点，突破难点。超重与失重的本质是什么呢？我将通过分析实验现象，归纳得出超重与失重的本质。巩固阶段：用所学知识解释生活中常见的超重与失重的现象。

【例题】设计帮助学生正确理解静电现象及其微观原因的教学方案或教学思路。

【解析】首先，实验导入，感性认识：我通过展示实验"听话的小铝桶"向学生提出疑问："为什么小铝桶会如此的'听话'，难道是老师有什么魔力吗？其中到底蕴含着什么物理原理呢？"从而创设问题情境，使学生产生联想，活跃学生思维，激发学生学习兴趣从而进入新课学习。

其次，演示实验，构建概念：我通过演示实验，实验一"奇异的塑料薄膜带"让学生通过观察摩擦前后薄膜带的变化，提出问题："为什么用不同手拿丝绸去摩擦薄膜带会有不同的现象呢？难道手中真的有什么魔力吗？"通过讲解后学生理解用丝绸去摩擦薄膜带，由于摩擦起电，薄膜带带有同种电荷，同种电荷互相排斥使得细带子向四周散开；但当用潮湿的手拿丝绸去摩擦薄膜带时，薄膜带又会收拢，是由于电荷通过手沿着人体漏到大地中去了，从而最终得出摩擦起电使物体带电。通过摩擦起电的学习再联系实际生活告诉学生梳头发时头发为什么会蓬起来，如何让头发自然下垂。

实验二"美丽的静电喷泉"学生观察到水流在摩擦过的玻璃棒靠近时向四周喷射形成了喷泉，提出疑问："当玻璃棒靠近水流时，水流为什么会向四周散开形成喷泉呢？"通过引导学生分析水是如何向四周散射的，从而得出导体由于受附近带电体的影响而出现带电的现象叫作静电感应，利用静电感应使导体带电叫作感应起电的物理概念。

通过讲解，先让学生掌握原子结构和电荷守恒定律，再引导学生分析，最后从物质的微观结构认识静电现象的本质即摩擦起电、感应起电的微观本质，让学生从感性认识走向理性认识。

再联系实际生活，向学生们介绍静电在生活中的运用（激光打印机、静电喷雾等），以及静电的防护（印刷厂里空气保持适当的湿度、油罐车车尾装有拖在地上的铁链等），让学生们体会到"物理来自生活，走向社会"，懂得学以致用。

学习完本节知识后再和学生一起揭秘课前小魔术"听话的小铝桶"其中的物理奥秘。最后进行课堂总结，使学生提炼升华；布置作业，巩固提升。

第二节　教师课堂教学评价

◎ **考纲提要**

一、掌握新课程标准倡导的评价理念，在教学过程中恰当体现评价的诊断、反馈、激励、甄别等功能

二、能运用教学反思的基本方法和策略对教学过程进行反思，并针对存在的问题提出改进思路

◎考点梳理

一、中学物理课堂教学评价

中学物理课堂教学评价主要以新课程标准为依据，可以从以下方面对教师教学行为做出评价。

1. 教师的角色定位

教师在课堂教学中的角色是组织者、引导者和合作者，而不是单纯的知识传授者。

2. 教学方法的选用

教师的教学方法应该体现以学生为主体，教师为主导的教学理念，优先考虑探究式教学法，体现为教师不代替学生实验，不代替学生思考，重视创设情境，引导学生建构知识。

3. 教学内容评价

在教学内容上，教师要遵守科学性原则，不能犯知识性错误，知识的得出要有足够的实验依据。特别需要注意的是，教师的板书设计中的内容也一样要遵守科学性原则。此外，教师要准确把握学生学情，对教材的地位、作用与教材内容分析要准确，课堂教学中具体反映在教师能够基于STSE、理论联系实际原则进行情境创设。

4. 教师提问方面

主要看教师的问题设置是否具有引导性、启发性，教师如果将知识内容直接讲授给学生，则违背了新课标提倡的"以学生为主体"的理念，没有让学生体验知识的建构过程。

5. 教师教学方式和学生学习方式

主要看教师的教学方式是否过于单一，学生学习方式是不是被动学习。新课标提倡教学方式多样化，学生学习方式多样化，重视合作学习、探研学习等方式。

6. 教师的教学效果和学生的学习效果

主要看制定的教学目标的实施与达成效果，特别是对学生物理核心素养培养目标的达成情况。

二、中学物理课堂教学评价题的解答策略

目前在初中、高中物理教师资格考试科目三中，中学物理课堂教学评价题都是以案例分析题的形式进行考查，对考生而言，该题难度较大。答题策略：对照以上六项评价内容，分小点解答，在语言组织上注意要先提炼评价要点，再针对要点描述其评价的理论依据、教师的行为举例和可能带来的影响。

三、参考模板

根据物理新课标对于教学实施以及教学评价的要求,该教师的教学环节存在以下几个方面的问题。

评价要点:描述评价的理论依据+行为举例+可能带来的影响。

◎**典型例题**

【例题】案例:下面是某校高中物理教师讲授"牛顿第一定律"一课导入部分的教学片段。教材内容如图 6-4 所示。

❶ 牛顿第一定律

问题?

初中我们学习了牛顿第一定律的基本内容,你能说说它揭示了物体运动遵循怎样的规律吗?滑冰运动员如果不用力,他会慢慢停下来。这是否与牛顿第一定律矛盾呢?

图 6-4

教师:一个定律从人类开始有这个意识到最后形成,是一个漫长的经过许多人不断思考、不断完善、不断提高的过程。牛顿第一定律的建立与发展过程也不例外,今天这堂课让我们重踏科学家的历史之路来探索牛顿第一定律的建立过程,从而感受科学家探索未知世界的科学方法和科学精神。

(板书课题:牛顿第一定律)

教师:有人认为,有力作用在物体上,物体才能运动;没有力的作用,物体就静止在一个地方。因此,力是维持物体运动的原因还是改变物体运动的原因呢,你们认为哪个正确?

学生甲:物体的运动是与推、拉等行为相联系的,如果不再推、拉,原来运动的物体便会停止下来。所以,我认为力是维持物体运动的原因。比如,滑冰运动员如果不用力,他会慢慢停下来。

(接着,学生通过用手移动书的实验来支持自己的观点)

学生乙:要使一个物体运动,必须推它或拉它。所以,我认为力是改变物体运动状态的原因。

教师:学生乙是正确的,学生甲是错误的。我们的错误思维是由于大家忽略了摩擦力的存在。

学生甲：老师，我还是不能理解，现实中找不到绝对光滑的平面，因此这个结论是无法证明的。

学生乙：这个理论都已经存在好几百年了，你还想推翻啊。

（同学们哈哈大笑……）

教师：大家记住，学生甲的回答是错误的，学生乙的回答正确。

接下来。我们来学习牛顿第一定律……

(1) 评述该教师教学片段中的问题与不足之处。

(2) 指出甲、乙同学回答中存在的问题。

(3) 针对教学片段中存在的问题，设计一个教学片段或教学思路帮助学生理解知识、解决问题。

【解析】(1) 在这个教学片段中，教师基本实现了新课程改革的教育观，教学从"教师为中心"转向"学习者为中心"，在教学过程中，更多地让学生去思考和判断力究竟是改变还是维持物体运动的原因。但仍存在以下问题与不足之处：

①教学内容的处理与合理性：在教学过程中，教师对究竟是改变还是维持物体运动的原因，没有深入探究，导致学生还是不理解。整节课还忽视了物理思想、方法的合理渗透。

②教学方式的选择：在这个教学片段中，虽然教师基本实现了新课程改革的教育观，教学从"教师为中心"转向"学习者为中心"，但是教学方式比较单一。

③评价行为：虽然这个理论已经存在几百年了，并且在教师和同学都给出了正确的答案后，学生甲仍然不理解，但是教师并没有理睬，只是要求学生机械地记住。虽然学生乙给出了正确的答案，但更多的是从书中直接得出，他的心中未必没有疑问。因此在这一点上教师处理得不好，并没有解决学生心中的疑问，长期下去会抹杀学生学习的积极性。

(2) 学生甲没有认真分析运动及受力，凭自己的感觉进行分析，缺乏严谨的科学态度。学生乙完全依赖课本，缺乏科学探究精神。

(3) 教学思路：对于学生甲的疑问，其实已经激起了学生的疑惑，如果处理恰当，这对于接下来的教学是非常有利的。教师完全可以让同学们在课下以小组为单位进行实验验证，而不是仅仅让学生记住。教师可以解释，虽然找不到绝对光滑的平面，但是我们可以通过近似光滑的条件或平衡摩擦力来用实验验证牛顿第一定律，然后通过实验操作让学生彻底理解。

【例题】案例：下面是某教师在初中物理"声音的产生与传播"一课的教学片段。

教师：同学们，在我们的生活中到处充满了声音，声音对大家来说再熟悉不过了，但是你们知道声音是怎么产生，又是如何被人们听到的吗？这节课，我们就来学习声音的产生与传播。联系生活中的例子，思考声音是如何产生的。

> **想想做做**
>
> 拨动张紧的橡皮筋，观察橡皮筋的变化（图2.1-1）；边说话，边用手摸颈前喉头部分（图2.1-2）。
>
> 观察、体验、总结物体发声时的共同特征。
>
> 图2.1-1　　图2.1-2

图 6－5

教师：请大家大声朗读如图 6－5 所示图片中内容……大家都读完了吧，谁能说一说有什么发现呢？

（学生都低下了头，没谁出声）

教师：甲同学，你站起来回答一下这个问题。

学生甲：（怯怯地说）我觉得橡皮筋应该会来回振动吧。

教师：大家再体验下第二个实验，一边说话，一边用手摸着喉头，有何感觉？

（学生七嘴八舌地说着）

教师：上课严肃点，不能乱说话，开玩笑。好了，大家看大屏幕的内容，快速找到物体是怎么产生声音的。

（学生通过阅读课本，发现答案）

学生：（齐声地说）声音是由物体的振动产生的。

教师：好！通过学习，我们已经知道了声音产生的原因，大家要记住这个结论。下面我们来讲声音的传播。

问题：

（1）对上述课堂实录中教师教学的优点和缺点进行评述。

（2）针对该片段存在的问题和不足，设计一个教学方案（形式不限，可以是教学思路、教学活动等），重点帮助学生深刻理解声音产生的原因。

【解析】

（1）该教师在教学片段中呈现出来有一些符合学生学习认知规律的优点，也有一些不合新课程标准的不足之处。

优点：

①该教师在课堂导入时，从学生熟悉的生活出发，联系实际，引出本节课探究的物理问题，体现了物理来源于生活，和生活密切相关的思想。

②在教学过程中也组织学生动手操作，动眼观察，动脑思考，总结实验现象和规律。同时在课堂最后，适时地进行了知识的总结和归纳，让学生更好地理解和掌握知识点。

缺点：

①课堂引导方面：教师在观察实验时，直接通过阅读课本得出结论，没有引导学生进行积极思考和讨论，违反了新课标中以学生为主体的观点，缺乏启发性和引导性。

②课堂实施过程：在新课讲解环节，教师有组织学生实验探究活动，虽然看似热闹，但其实毫无秩序，流于形式。学生也没有真正参与到实验中去，动手太少。学生在实验之前，教师没有做出必要的解释和指导。在实验的过程中，该教师也没有巡视指导学生，给予学生必要的纠正和提示。最后在对实验结果的分析过程中，也没有引导学生思考和进行发散思维探讨，不利于提高学生学习水平和学习效果。

③教师的角色把握及学习氛围营造方面：该教师在课堂中对于实验的现象没有经过思考，而是直接通过阅读课本给出答案，这种"灌输式"的教学与新课改中强调的"教师不仅是学生学习的传授者，还是学生学习的组织者、引导者、合作者"这一要求相违背。学生提出的疑问，教师没有认真对待，采取批评打压、置之不理等态度，不利于培养学生学习的积极性。

（2）教学活动。

大家请看大屏幕。结合这两个生活中的例子，思考声音是如何产生的。教师演示实验一：拿出课前准备好的实验器材，并向学生讲解。接着用手拨动张紧的橡皮筋，请学生注意观察橡皮筋的变化。也可请学生亲自动手尝试，感受橡皮筋的颤动。

教师：大家观察到什么样的实验现象呢？

学生：橡皮筋在发出嗡嗡响时不停地抖动。

教师：很好，大家观察得都很仔细，说得很对。那大家再体验第二个实验，一边诵读古诗，一边用手摸着喉头，就像老师这样（教师进行示范演示），看有何感觉呢？谁来说一说。

（学生跟着教师进行尝试）

学生甲：老师，我刚在背诵古诗时，手指感受到了声带在振动。

教师：大家做得不错（对甲同学提出表扬）。那你们还能举出些类似的例子吗？勇敢地说出来。

学生乙：拉小提琴时，琴弦在振动。

学生丙：蜜蜂在飞行时，翅膀在不停地抖动，发出嗡嗡的声音。

教师：大家都很爱积极思考，善于发现生活中的物理现象，举出了这么多的例子。那么请大家根据这些例子思考讨论一下，这些例子有什么共同特点？物体都是怎么发出声音的呢？

（学生进行小组讨论，结合例子提出观点。教师巡视指导）

教师：大家都已经讨论得差不多了，哪组代表来分享一下你们的结果呢？

学生丁：上述例子中发生的物体都在振动。

学生丙：声音是由物体的振动产生的。

教师：非常棒，看来大家都用心观察，动脑思考，积极地参与到我们的课堂中来，并通过自己的探索发现的物理规律，了解了声音产生的原因，声音都是由物体的振动产生的。那声音又是怎么传到我们的耳朵里的呢？下面我们来探索声音的传播。

【例题】案例：王老师在进行摩擦力一节的教学中依据"从生活走向物理"的教学理念，从学生的生活经验出发，提出"摩擦力好不好"的问题。简单介绍摩擦力的概念之后，提出"摩擦力的大小跟什么有关"这个问题，然后引导和组织学生进行自主探究。根据探究实验的程序帮助学生完成整个实验探究过程，在这个过程中，教师强调指出：根据二力平衡的知识，摩擦力等于弹簧测力计的示数。

在实验过程中，选择通过弹簧测力计拉动木块在木板上做匀速直线运动。当学生找出结论之后，教师再提出：请同学们开动脑筋，运用学过的知识，设计出一套更好、更合理、更准确的测量方法。具体过程如下：

师："影响摩擦力大小的因素"探究实验中，根据自己操作过程中出现的问题，有谁能指出咱们实验过程中不太容易操作的地方？

生：拉动木块在木板上做匀速直线运动时，不能保证木块完全做匀速直线运动。

生：有时在木块运动过程中，弹簧测力计示数在变。

生：木块在做运动时，有时会被绊住，导致读数不准确。

师：那哪些同学能利用我们前面学的知识来改进这些地方？接下来分组讨论，看哪些小组能设计出更好、更合理、更准确的测量方法。

（学生分组讨论）

生：根据相对运动的原理，可以把弹簧测力计和木块固定，拉动木板，观察弹簧测力计的示数。

师：非常好，这样的话弹簧测力计不动，更容易读数，而且大家能更容易观察到摩擦力的大小与相对运动的速度无关。接下来请大家进行实验。

问题：

（1）请对上述教学片段进行评价。

（2）针对教学中存在的问题，设计一个改进的教学方案。

【解析】（1）本节课的教学使学生再次完整体会探究实验的整个过程，体验探究实验中的快乐和成就感，提高学生动手操作的能力和分析解决问题的能力，培养学生对未知事物的探索精神。最重要的是通过教师的引导，学生把摩擦力能与前面学过的相对运动有机地结合起来，找出更合理、更好的实验方案，真正做到学以致用。同时，每个小组成员之间的合作交流，让学生体会到团结协作精神在学习中的重要作用，可锻炼合作探究能力。探究实验充分挖掘了学生的潜能，培养了学生的创造力；争论"摩擦力好不好"等问题，使学生了解生产生活中利用有利摩擦和防止有害摩擦的实例，以及增大和减小摩擦力的途径，养成用所学知识联系生产生活问题的习惯，加强了物理与生活、科学技术与社会的联系，从而体现出"从生活走向物理，从物理走向社会"的物理教学理念。但过早地给出了结论，导致学生不能自己观察并发现一些现象，不容易加深学生的记忆。

（2）师："影响摩擦力大小的因素"探究实验中，根据自己操作过程中出现的问题，有谁能指出咱们实验过程中不太容易操作的地方？

生：在拉动木块在木板上做匀速直线运动时，不能保证木块完全做匀速直线运动。

生：有时在木块运动过程中，弹簧测力计示数在变。

生：木块在做运动时，有时会被绊住，导致读数不准确。

师：那哪些同学能利用我们前面学的知识来改进这些地方？接下来分组讨论，看哪些小组能设计出更好、更合理、更准确的测量方法。

（学生分组讨论）

生：根据相对运动的原理，可以把弹簧测力计和木块固定，拉动木板，观察弹簧测力计的示数。

师：大家做实验并讨论一下这种方式可行吗？如果行，好在哪里？

（学生实验中……）

（学生讨论）

生：这种方法比咱们做实验用的方法好。优点在如果拉动木板，木块就不会动，弹簧测力计示数就比较稳定。

生：用这种方法读出来的结果应该更接近真实值。

生：而且用这种方法还可以得出"摩擦力的大小与拉动木板的速度无关"的结论。

（师肯定大家的讨论结果）

◎达标检测

"第六章　教学评价"达标检测

检测范围：教学评价

（时间：90分钟　满分：100分）

1. 案例：下面为一道物理习题和某同学的解答。

题目：如图6-6所示，物体 A 的质量 $m_A = 2$ kg，物体 B 的质量 $m_B = 1$ kg，A 与水平桌面间的动摩擦因数 $\mu = 0.2$，B 与地面间的距离 $s = 1$ m，A、B 由静止开始运动（$g = 10$ m/s²）。B 落地后，A 在桌面上能继续滑行的距离。（物体 A 未滑出桌面）

试求：B 落到地面时的速度大小。

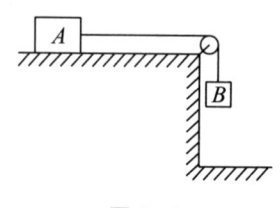

图6-6

解：在 B 下落过程中，由能量守恒有

$$m_B gs = \frac{1}{2}m_B v^2 + \mu m_A gs$$

代入数据得

$$v = \sqrt{6} \text{ m/s}$$

(1) 指出该同学在解答过程中存在的问题。(4分)
(2) 给出正确的解答过程。(6分)
(3) 针对该同学存在的问题，设计一个教学片段，帮助其正确地理解与分析此类问题。(10分)

2. 案例：某同学在学习高中物理中时，遇到了以下问题：

如图 6-7 所示，一质量为 $m=2$ kg 的物块置于粗糙水平面上，物块与水平面间的动摩擦因数 $\mu=0.5$，现给物体施加一个与水平方向夹角为 $37°$ 的力 $F=5$ N，物块保持静止，求物块受到的摩擦力大小。g 取 10 m/s²。

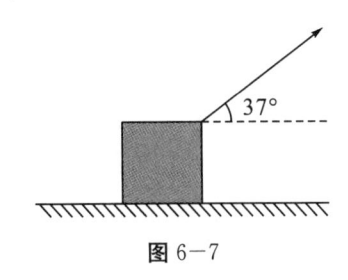

图 6-7

该生的解答如下：
由滑动摩擦力公式 $f=\mu F_N$ 得

$$f = \mu mg = 2 \times 10 \times 0.5 = 10 \text{ N}$$

问题：
(1) 指出此道试题检测了学生所学的哪些知识点。(4分)
(2) 指出该生解题是否有误，若有，请给出正确解答。(6分)
(3) 设计一个教学片段，帮助该生正确解答此类问题。(10分)

3. 下面是李老师讲授高中物理"牛顿第三定律"一课的教学片段。教材内容如图 6-8 所示。

3 牛顿第三定律

问题？

力的作用是相互的。相互作用的力其大小有什么关系？

例如，大人跟小孩掰手腕，很容易就把小孩的手压在桌面上。那么，他们施加给对方的力，大小相等吗？

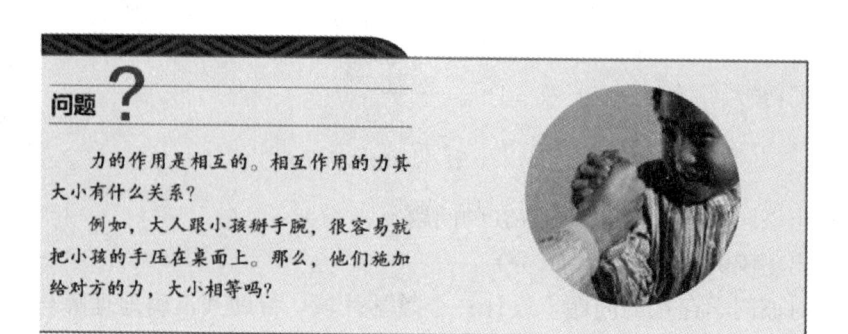

图 6-8

李老师：同学们，上课了，我们先请甲同学和乙同学来讲台上给同学们进行掰手腕比赛，请同学们做评委！注意观察。

李老师：同学们，谁获胜？

同学们：甲同学把乙同学的手压在桌面上。所以乙同学获胜。

李老师：由于力的作用是相互的，甲同学和乙同学之间的力的作用也是相互的。那么，他们施加给对方的力大小相等吗？这就与我们今天要学习的牛顿第三定律有关，大家看大屏幕，思考、讨论上面的问题。

李老师：哪位同学来谈谈？

丙同学：甲同学比较强壮，乙同学比较瘦小，甲同学比乙同学的力气大，所以甲同学对乙同学作用力也大。

李老师：错！

丁同学：甲同学和乙同学之间作用力是否相等，无法衡量，可以实验测量。

李老师：对！下面进行演示实验。老师用弹簧测力计 A、弹簧测力计 B 模拟甲同学和乙同学。大家观察老师做实验，思考并总结（教师演示，学生观察）。

李老师：刚才老师用两把弹簧测力计沿同一直线对拉，同学们观察到两只弹簧测力计示数是什么关系？

戊同学：固定 A 弹簧测力计，拉动 B 弹簧测力计，观察到 A、B 两个弹簧测力计读数相等，作用在同一条直线上。固定 B 弹簧测力计，拉动 A 弹簧测力计，观察到 A、B 两个弹簧测力计读数相等，作用在同一条直线上。

李老师：两个弹簧测力计对拉时，弹簧的拉力作用在一条直线上，且示数相等。所以，甲同学和乙同学之间作用力大小相等。这说明了什么呢？说明了一对相互作用力的大小是相等的，且作用在一条直线上。

同学们：理解了。

李老师：一对相互作用力的方向有什么关系呢？从实验中不难得到，它们的方向是相反的。接下来，请思考：它们的作用点在同一个物体上吗？

己同学：因为物体相互接触在一起，所以它们的作用点在同一个物体上。

李老师：不对，接下来我们一起总结一下。

(1) 评述李老师教学过程中的问题与不足之处。(8分)

(2) 指出丙、丁同学回答中存在的问题。(2分)

(3) 针对乙同学回答中存在的问题，设计一个教学片段或教学思路帮助学生理解知识、解决问题。(10分)

4. 在初中物理实验上，李老师用蓝色自来水笔和一杯清水做实验，讲授分子运动理论的初步知识。

李老师：同学们，这是一支蓝色自来水笔，这是一杯清水，老师将蓝墨水滴入清水中。(李老师将蓝墨水滴入清水，实验现象如图6-9所示)

图6-9

李老师：同学们都观察到了什么现象，有谁说说？

甲同学：水的颜色变蓝了。

李老师：很好！水是怎么变蓝的呢？

(同学们你看看我，我看看你，过了一会儿)

乙同学小声说：蓝墨水和清水混合了。

李老师：不对，上课注意力要集中！水是逐步变蓝的，同学们要记住，这个实验说明分子在不停息地运动，记住了吗？

同学们：记住了！

李老师：很好，接下来我们讲分子之间存在力的作用。

……

问题：

(1) 指出上面教学片段中，教师教学行为存在的问题。(10分)

(2) 说明评价理由或依据。(10分)

5. 案例：下面是李老师讲授高中物理"曲线运动"一课的教学片段。

师：同学们，大家看屏幕中的视频，看一下这些运动都有什么特点？

(播放视频投出的篮球、被打出的网球、人造卫星绕地球运动)

生：运动轨迹都是曲线。

师：它和我们之前学习的匀加速和匀速直线运动一样吗？

生：不一样。它的运动轨迹是曲线，而之前学习的是直线。

师：很好，同学们观察非常仔细，这种运动轨迹为曲线的运动就是我们今天要研究的曲线运动。那大家想一想为什么物体会做曲线运动呢？

生：不知道。

师：大家想物体在怎样的情况下会做直线运动呢？

生1：在不受外力的情况下，物体做匀速直线运动。

生2：受力平衡的时候物体也做匀速直线运动。

生3：物体在做匀加速直线运动的时候也是直线运动，也受合外力。

师：物体在做直线运动时，是不是不受合外力或者合外力的方向与运动方向相同呢？

生：是。

师：那好，大家想物体在怎样的情况下才会做曲线运动呢？

生：不知道。

师：是不是合外力与运动方向不在一条直线上的时候呢？

生：是的。

师：也就是说，当合外力与物体运动不在一条直线上时，物体做曲线运动。

问题：

（1）对上述课堂实录进行评述。（8分）

（2）针对存在的问题，设计一个改进的教学方案（形式不限，可以是教学思路教学活动等）。（12分）

◎达标检测参考答案

1.（1）该同学在答题过程中没有运用整体法而导致式子列错，该同学不能分清物体是否做功。

（2）以 AB 整体为研究对象，在 B 下落过程中，由能量守恒有

$$m_B g s = \frac{1}{2}(m_A + m_B)v^2 + \mu m_A g s$$

故 $v = 2$ m/s。

（3）教学片段：

师：两个物体之间若是用绳子相连接，那它们的什么相同呢？

生：它们的速度相同。

师：是的，同学们回答得非常好。用绳子相连的两个物体具有相同的速度，当我们分析问题时，对于用绳子相连的两个物体，我们可以将它们看作什么？

生：一个整体。

师：很好。在分析物体的重力势能时，第一步是做什么呢？

生：设零势能面。

师：对，同学们真棒！当物体在零势能面上运动时，显然它的势能是为零的。也就是说，在这种情况下，重力是不做功的。同学们都有理解了吗？

生：理解了。

2.（1）这道题主要检测了学生对静、动摩擦力的区别，滑动摩擦力公式的使用条件和力的分解。

（2）该同学的解答存在错误。事实上，由于物块处于静止状态，摩擦力的大小应该等于所受合力在水平方向上的分力，即：

$$f = F\cos\theta = 5\cos37° = 4 \text{ N}$$

式中，θ 为力 F 与水平方向的夹角。

因此，该物块受到的摩擦力大小为 4 N，而非 10 N。

（3）教学片段：

教师：同学们，请看这道题目，我们现在要求这个静止的物块所受的摩擦力大小。请问，你们会怎么做？

学生1：可以先算出物块所受的合外力，再利用静摩擦力的大小等于所受合外力在水平方向上的分量，算出摩擦力的大小。

教师：很好，请你来解答这个问题。

学生1：首先，我们将施加的力 F 分解为水平方向上的分量 $F\cos\theta$ 和竖直方向上的分量 $F\sin\theta$，其中 $\theta = 37°$。其次，求出物块所受的合外力，即水平方向上的合外力等于 $F\cos\theta - f$，竖直方向上的合外力等于 $mg - F\sin\theta - F_N$，这里的 $g = 10 \text{ m/s}^2$。因为物块保持静止，所以水平方向上的合外力等于静摩擦力 f，即 $f = F\cos\theta = 5\cos37° = 4 \text{ N}$，所以物块所受的摩擦力大小是 4 N。

教师：非常好，学生1已经成功解答了这个问题。同学们，你们可以参考学生1的解答，来解决类似的问题。

3.（1）①教师角色的把握：新课标要求教师由"传授者"转变为"组织者""引导者""合作者"，该教师没能很好地转变自己的角色，单纯地将概念直接灌输给了学生，没有有效合理地引导，这与新课标的要求是相悖的。

②教学内容的处理与合理性：新课标要求教师要用教材教而不是教教材。教学内容的安排过于生搬硬套，看似合情合理的例子实质上没有抓住"牛顿第三定律"的核心内容，且前后没有合理的逻辑性。整节课程还忽视了物理思想、方法的合理渗透。

③教学方式的选择：从表面上看，教师完成了自己的教学任务，实际上教师忽视了学生的主体性；表面上有师生互动过程，实质也是灌输式的教学方式。总之，对于教学而言，这是一种不符合新课标理念的方式。

④评价行为：在学生有错误理解的时候，该教师缺乏正向评价，违背了评价的激励性原则，会导致学生失去学习的主动性和积极性。另外，面对学生的回答，该教师只说"对""错"而不讲清原因，违背了评价的反馈性原则，学生不能根据教师的反馈信息进行新的思考，导致学习效果不好。

（2）丙同学缺乏学习的自主性，其学习方式是一种机械学习的表现。丙同学根据自身以往经验，不经过思考，直接说："甲同学比较强壮，乙同学比较瘦小，甲同学比乙同学的力气大,所以甲同学对乙同学作用力也大。"

丁同学没有理解力的作用是相互的,与平衡力产生了混淆,在思考问题时存在思维定式,没有对物体的受力进行细致分析,过于注重感性认识,对于知识应用不灵活。

(3) 教学片段:

教师:同学们请大家先复习一下,平衡力有什么特点?

学生:平衡力有大小相等,方向相反,并且作用在同一个物体上的特点。

教师:非常好。在老师的讲桌上有一本书,请问这本书受到的力是一对平衡力吗?

同学们:是的。

教师:非常好。书受到桌子的支持力,其反作用力是哪一个力?

学生:是书对桌子的压力。

教师:回答得非常准确。大家现在画一下这两个力的受力示意图。找找它们的作用点在哪里?并比较一下它们的作用点是在同一个物体上吗?

学生:书受到桌子对它的支持力的作用点在书上。而压力的作用点是在桌子上。

教师:回答得非常准确。可见作用力与反作用力的作用点并不在同一个物体上。现在理解了吗?

学生:理解了。

4. 教师的教学行为存在以下问题:

(1) 提问方面:教师提出的问题没有体现有效性原则和启发性原则,如"水是怎么变蓝的呢"的答案有很多种,教师提问目标不明确;并且在问题结束之后课堂出现冷场现象,问而不答导致启而不发,可见启发性原则没有体现,没有起到激发学习兴趣和独立思考的作用,不利于学生学习能力的培养。

(2) 评价方面:该教师在针对学生答案评价时,没有体现激励性原则,未抓住学生闪光点进行鼓励而是直接否定,导致学生的学习兴趣减弱,不能达到提升学习水平的目的。

(3) 教学内容的处理:该教师在总结结论时仍然使用"灌输式"教育,直接将结论输入给学生而没有引导学生自主学习,不利于培养学生归纳总结的能力,没有起到教师的主导地位。

5. (1) 教师在教学过程中采用了视频引入的方法,体现了课堂导入激发吸引学生学习兴趣的作用,体现了新课改从生活走向物理的理念。

设置疑问的环节体现了教师的引导作用,但是教师对学生的回答没有进行评价,而是采取了灌输式的教学,这违背了评价的反馈性原则和及时性原则,不利于学生思考习惯和探究思维的养成。例如,在学生回答物体做直线运动的条件不是教师想要的答案时,教师并没有对学生的回答进行引导和评价,而是采取了一种反问的语气直接提醒学生答案。

(2) 教学思路:此教学可以从教学方式上进行改变,采用设问加实验的方式。如教师可以将学生的回答分为受力平衡和受力不平衡。受力平衡时,物体静止或匀速直线运动；受力不平衡时，通过小车实验，引导学生说出力与运动方向在同一条直线上时，物体做直线运动。教师再次设置疑问：如果物体所受合外力与运动方向不在一条直线时会怎么样呢？从而导出物体做曲线运动的条件。

参考文献

[1] 郑永令，贾起民，方小敏. 力学［M］. 3版. 北京：高等教育出版社，2018.

[2] 漆安慎，杜婵英. 普通物理学教程·力学［M］. 4版. 北京：高等教育出版社，2021.

[3] 赵凯华，罗蔚茵. 力学［M］. 3版. 北京：高等教育出版社，2023.

[4] 秦允豪. 普通物理学教程·热学［M］. 4版. 北京：高等教育出版社，2018.

[5] 黄淑清，聂宜如，申先甲. 热学教程［M］. 3版. 北京：高等教育出版社，2011.

[6] 秦允豪. 普通物理学教程·热学（第三版）习题思考题解题指导［M］. 北京：高等教育出版社，2012.

[7] 梁灿彬，秦光戎，梁竹健. 电磁学［M］. 4版. 北京：高等教育出版社，2018.

[8] 赵凯华，陈熙谋. 电磁学［M］. 4版. 北京：高等教育出版社，2018.

[9] 姚启均. 光学教程［M］. 6版. 北京：高等教育出版社，2019.

[10] 赵凯华，钟锡华. 光学［M］. 北京：高等教育出版社，2018.

[11] 崔宏滨，李永平，康学亮. 光学［M］. 北京：科学出版社，2021.

[12] 母国光，战元令. 光学［M］. 北京：人民教育出版社，2003.

[13] 中华人民共和国教育部. 义务教育物理课程标准（2022年版）［M］. 北京：北京师范大学出版社，2022.

[14] 中华人民共和国教育部. 普通高中物理课程标准（2017年版2020年修订）［M］. 北京：人民教育出版社，2020.

[15] 阎金铎，郭玉英. 中学物理新课程教学概论［M］. 北京：北京师范大学出版社，2018.

[16] 李春密. 核心素养导向的高中物理教学设计［M］. 北京：北京师范大学出版社，2019.

[17] 魏华，王运淼，杨清源. 中学物理教材分析［M］. 北京：高等教育出版社，2016.

后 记

  本书从物理学专业教师资格考试的实际需求出发，以夯实专业知识基础和提升教学设计能力为主旨，系统阐述了中学物理和大学物理的专业知识衔接，以及中学物理教法技能。书中呈现的内容引导读者从表层学习、深度学习和迁移学习三个阶段逐步推进，从而获得高阶思维。尽管我们查阅了大量文献，研究了近年来的教师资格考试真题，但是知识是厚积薄发的过程，是不断理论联系实际，学以致用的过程，需要我们坚持不懈地学习。由于编者水平有限，书中难免存在不足之处，欢迎读者批评指正。

编　者